A cura di
Valentina Soncini – Chiara Zambon

DAL BASSO, INSIEME

10 passi per una Chiesa sinodale

Contributi di:
Giovanni Agostoni – Maura Bertini – Marco Colombo Gabriele Cossovich – Matteo De Matteis – Gaia De Vecchi – Antonella Marinoni – Luca Moscatelli Cristiano Passoni – Ottavio Pirovano – Valentina Soncini – Cristina Viganò – Chiara Zambon

Prefazione di Mario Delpini
Arcivescovo di Milano

in dialogo

Finito di stampare nel mese di settembre 2021
presso Industrie Grafiche GECA – San Giuliano Milanese (Mi)

Via Antonio da Recanate, 1 – 20124 Milano
Tel. 02.6713161
E-mail: libri@chiesadimilano.it
www.itl-libri.com

ISBN 978-88-32047-64-6

Prefazione

Viene il sospetto di un surrogato.

Viene il sospetto che il Sinodo, nella forma in cui è stato istituito dopo il Concilio Vaticano II, sia un rimedio al fatto che un Concilio è troppo complicato e costoso. Perciò – viene da pensare – invece di convocare tutti i vescovi è meglio convocare una rappresentanza significativa.

Ora il sospetto può indurre a pensare che i diversi livelli della sinodalità che sono proposti siano surrogati per l'impossibilità o la complicazione di una pratica assembleare nella Chiesa.

Il sospetto deve essere smentito, anche se non è garantito che si sfugga alla tentazione di un surrogato per delegare a un organismo il compito della comunione. Infatti il Sinodo dei vescovi non è il surrogato di un Concilio. È piuttosto uno strumento per tener vivo e rendere visibile l'insegnamento del Concilio Vaticano II a proposito del mistero e della forma storica della Chiesa.

Viene il sospetto di una complicata procedura burocratica.

La costituzione di organismi "nuovi", la definizione della loro composizione, la stesura di regolamenti per deciderne il funzionamento, fanno nascere il sospetto che si stia avviando una complicata procedura che rallenti l'attività pastorale, logori energie ed entusiasmi nel moltiplicarsi di riunioni, verbali, documenti.

Il sospetto deve essere smentito, non perché il pericolo non esista, ma per il realismo che riconosce l'importanza di definire percorsi per evitare che il consigliare nella Chiesa si riduca al chiacchierare. Gli organismi di partecipazione nella comunità cristiana non possono essere solo strumenti per un sondaggio di opinione, ma forme di corresponsabilità.

Viene il sospetto della retorica inefficace.

L'abuso delle parole induce sempre a pensare che si stia parlano di qualche cosa che non esiste: alcune parole si usano per esibire una mentalità "aperta", per creare consenso, per rivendicare potere o per criticare le decisioni e i metodi usati per decidere.

Il sospetto deve essere smentito, non perché non ci sia la tentazione della retorica, ma perché l'opportunità e l'urgenza di una procedura sinodale a tutti i livelli della vita ecclesiale vengono dalla verità del mistero della Chiesa. Lo Spirito di Dio è anima del convergere per l'utilità comune e il dono delle parole comprensibili, delle profezie necessarie, è offerto per l'edificazione della Chiesa, molto più del parlare in lingue e dell'operare prodigi.

Si cercano persone.

I vescovi che costituiscono l'assemblea sinodale si chiamano "Padri sinodali" e si accoglie come un segno promettente che si chiamino "Padri Sinodali" tutti coloro che compongono il Sinodo della Chiesa universale, uomini e donne, laici e consacrati.

In realtà si cercano uomini e donne che non cerchino un titolo di onore, ma piuttosto condizioni propizie per servire. Si dovrebbero chiamare "servi della sinodalità".

Per smentire i sospetti elencati e tutti gli altri possibili intorno al tema non sono di grande utilità le rassicurazioni e gli argomenti addotti.

Si cercano persone, uomini e donne, che siano disponibili allo Spirito di Dio e al servizio della Chiesa. Si cercano uomini e donne che siano consapevoli di avere bisogno di conversione e di formazione per rendersi utili a tradurre in parole e opere di oggi la visibilità del mistero di cui viviamo, la comunione con la Trinità.

Si cercano uomini e donne che siano disposti al sacrificio e alla pazienza, all'impegno del pensare e alla franchezza del parlare, alla perseveranza nella preghiera e alla responsabilità della decisione.

Si cercano uomini e donne che siano onorati di chiamarsi "servi".

Questo libro può servire a formare uomini e donne per il servizio alla Chiesa. Perciò sono grato all'Azione Cattolica per la proposta. Perciò lo raccomando alla lettura, all'assimilazione, al confronto.

+ Mario Delpini
Arcivescovo di Milano

Milano, 17 settembre 2021 – *Memoria di San Satiro*

Introduzione

«Una Chiesa del dialogo è una Chiesa sinodale, che si pone insieme in ascolto dello Spirito e di quella voce di Dio che ci raggiunge attraverso il grido dei poveri e della terra. In effetti, quello sinodale non è tanto un piano da programmare e da realizzare, ma anzitutto uno stile da incarnare». Fare sinodo «è camminare insieme dietro al Signore e verso la gente, sotto la guida dello Spirito Santo».[1]

Sollecitata da papa Francesco, la Chiesa universale ha iniziato una lunga fase sinodale che coinvolgerà per alcuni anni le comunità cristiane in un cammino di discernimento e conversione spirituale e pastorale. Si tratta – come hanno più volte fatto intendere Bergoglio e il presidente dei vescovi italiani Gualtiero Bassetti – di un'opportunità per

---

1 FRANCESCO, *Discorso ai membri del Consiglio nazionale dell'Azione Cattolica italiana*, Città del Vaticano, 30 aprile 2021.

porsi in ascolto del vissuto ecclesiale, riconoscendone limiti e ricchezze, per custodirne l'essenziale, per individuare nuovi "linguaggi" e risposte inedite alle sfide che questo nostro tempo pone all'umanità e alla Chiesa stessa. Una grande occasione, dunque, per coltivare la speranza e ripartire con fiducia, interpretando nella storia di ogni comunità e territorio il progetto di Dio.

Lo stesso Francesco ha indicato che la sinodalità va intesa e vissuta «dal basso» e «insieme». *Dal basso* non già per ribadire una visione gerarchica della Chiesa, ma per sottolinearne la dimensione popolare: ciò implica l'impegno di valorizzare le voci e la corresponsabilità di tutti i battezzati. Significa, inoltre, che non ci possono essere temi prestabiliti per il confronto sinodale, o ruoli preordinati al di là di quelli definiti dalla propria vocazione e ministero nella Chiesa. Ciascuno è dunque chiamato a partecipare secondo il proprio status di vita, i "talenti", le inclinazioni, le attenzioni. *Insieme* significa che ogni credente in Cristo è sollecitato a portare il suo contributo, nella certezza che sarà accolto e considerato. Eguale cura e considerazione ciascuno dovrà avere verso gli altri.

Traspare così il volto della Chiesa come comunità in ascolto, fraterna, aperta, dialogica, dinamica. E missionaria. Perché la Chiesa non può che essere missionaria, chiamata all'annuncio e alla testimonianza, umile e veritiera, del Vangelo di Gesù risorto.

Naturalmente, anche la Chiesa di Milano sta muovendo i suoi passi nella direzione sinodale. L'arcivescovo Mario Delpini lo ha segnalato a più riprese: «La nostra Chiesa diocesana – ha scritto nella *Proposta pastorale 2021-2022*, annunciando profilo e compiti dei Gruppi Barnaba e delle Assemblee Sinodali Decanali – è chiamata a una forma di comunione più intensa e più diversificata per una missione più coraggiosa».[2] E, in altra occasione, ha specificato:

> Mentre si avvia questo anno pastorale con il proposito che la sinodalità non sia uno slogan di moda, non sia una produzione di carte e un logoramento di riunioni, ma la condivisione delle responsabilità

---

2 M. Delpini, *Unita libera lieta. La grazia e la responsabilità di essere Chiesa. Proposta pastorale per l'anno 2021-2022*, Centro Ambrosiano, Milano 2021, p. 105.

> per la missione, non temere, santa Chiesa di Dio, di creare occasioni e contesti per l'ascolto. Non temere di dare parola a tutti, uomini e donne, giovani e adulti, italiani e fedeli di ogni paese. Non temere di accogliere il dono dello Spirito che raduna i molti perché siano una cosa sola. [...] Continuiamo con pazienza, fiducia, umiltà a costruire comunità in cui si viva la carità e si offra a tutti la parola che convoca i fratelli e le sorelle di ogni Chiesa, di ogni comunità di ogni popolo intorno all'unico Signore.[3]

La presente pubblicazione vorrebbe costituire un contributo per vivere la sinodalità in questa linea. Si sono quindi scelte alcune parole-chiave (Popolo di Dio, Fraternità, Comunione, Ascolto, Partecipazione, Franchezza, Discernimento comunitario, Corresponsabilità, Trasformazione missionaria, Il volto del cristiano) con la volontà di leggere la sinodalità secondo una serie di irrinunciabili condizioni, atteggiamenti, esercizi, disponibilità, virtù. In modo che essa possa essere sia un *metodo* per assumere decisioni nella Chiesa sia, al contem-

3 Id, *Non temere! Chiamati per rivelare il nome del Salvatore*, Pontificale nella solennità della Natività della B.V. Maria, Milano, 8 settembre 2021.

po, uno *stile* necessario dell'essere Chiesa "in uscita", nella quale si favorisca e si realizzi il senso di corresponsabilità per la missione.

Un metodo e uno stile che potrebbero persino essere – se adeguatamente interpretati e testimoniati – d'aiuto per la comunità civile e la società nel suo complesso.

Tali termini sono affrontati con "cifre espressive" differenti perché il libro nasce, esso stesso, da un "lavoro sinodale", con il convergere di vissuti, esperienze, competenze plurali attorno a un forte sentire comune. Traspare una lettura sintetica dell'essere Chiesa oggi in una prospettiva conciliare e in forte consonanza con l'*Evangelii Gaudium*. Ciò deriva anche dalla formazione ricevuta in Azione Cattolica da molti degli autori e dall'esperienza maturata grazie all'AC a servizio della Chiesa locale.

Il testo, con evidenti connotazioni teologiche, è stato pensato per una diffusione ampia, in ragione della quale dovrebbe risultare di facile lettura (si è perciò evitato un eccesso di note, si sono ridotte le citazioni, vi figurano utili rimandi fra un capitolo e l'altro, vi appaiono, infine, pochi ed essenziali suggerimenti bibliografici). Ogni parola-chiave è inoltre accompagnata da sintetiche indicazioni "per continuare la riflessione" a livello personale o comunitario e dal suggerimento di qualche lettura "per approfondire".

L'ideazione e la realizzazione di questo volume è frutto della volontà della Presidenza dell'Azione Cattolica ambrosiana, che ha trovato corrispondenza e valido aiuto nel Gruppo teologico dell'associazione stessa, allargato ad alcuni componenti dell'Équipe Decapoli. Il gruppo di lavoro è costituito dunque da una varietà di persone con competenze e situazioni di vita diverse: docenti universitari, laici, sposi, consacrate, preti. Un grazie va a ciascuno di loro e, in particolare, a chi ha materialmente scritto i singoli capitoli (*Popolo di Dio*, Cristina Viganò; *Fraternità*, don Cristiano Passoni; *Comunione*, Valentina Soncini; *Ascolto*, Gabriele Cossovich; *Partecipazione*, Marco Colombo; *Franchezza*, Maura Bertini e Giovanni Agostoni; *Discernimento comunitario*, Chiara Zambon e Matteo De Matteis; *Corresponsabilità*, Ottavio Pirovano; *Trasformazione missionaria*, Antonella Marinoni, Luca Moscatelli e Ottavio Pirovano; *Il volto del cristiano*,

Gaia De Vecchi). Un grazie speciale alle due curatrici, Valentina Soncini e Chiara Zambon, e ad Annamaria Cecchetto per la complessiva revisione del testo. Un sincero ringraziamento va a monsignor Mario Delpini, arcivescovo di Milano, che ha voluto arricchire la pubblicazione con la sua autorevole Prefazione.

Grazie infine all'editore e alla redazione ITL-In Dialogo per aver reso possibile questo libro.

Gianni Borsa
Presidente diocesano Azione Cattolica ambrosiana

1
POPOLO DI DIO
Riscoprirsi tutte e tutti discepoli missionari corresponsabili

Cristina Viganò

Chi è la Chiesa?
Riconoscere immaginari sedimentati

Potremmo chiederci: "chi è la Chiesa per me?"; potremmo provare a chiederlo a colleghi di lavoro e vicini di casa; se lo chiedessimo alle nostre nonne e ai nostri nonni forse risponderebbero: "la parrocchia con il parroco", oppure "i cristiani che obbediscono al Papa e ai vescovi", "il luogo dove si trova la salvezza". Se poi ci chiedessimo da chi è composta la Chiesa, forse diremmo: "dai credenti" o, forse, "dal clero e dai laici". In sostanza, la parola "Chiesa" è accompagnata da un immaginario diversificato, in parte sedimentato per secoli e avvalorato anche dal magistero nel corso degli anni.

Papa Leone XIII scriveva all'Arcivescovo di Parigi (*Epistula tua*, 1885):

> Nella Chiesa di Dio, per volontà manifesta del suo divino fondatore, vanno distinte in modo assoluto due parti: il discente e il docente, il gregge e i pastori, in mezzo ai quali ce n'è uno che è il capo e il pastore supremo di tutti. Ai soli pastori è stato dato ogni potere di insegnare, di giudicare, di dirigere; ai fedeli è stato imposto il dovere di seguire i loro insegnamenti, di sottomettersi con docilità ai loro giudizi e di lasciarsi da essi governare, correggere, condurre alla salvezza.

San Pio X, nell'enciclica *Vehementer Nos* (1906), così si esprimeva: «La moltitudine non ha altro diritto che quello di lasciarsi condurre e, come docile gregge, seguire i suoi pastori».

Infine, Pio XII nell'enciclica *Mediator Dei* (1947) scriveva:

> Il sacrificio della messa viene consumato sia che i fedeli vi assistano sia che non vi assistano, non essendo necessario in alcuna maniera che il popolo dei fedeli ratifichi ciò che compie il sacro ministro.

In sostanza, secondo questa visione, la Chiesa è composta da due gruppi: gli insegnanti e gli scolari, coloro che governano e coloro che obbediscono, coloro che celebrano i sacramenti e coloro che vi assistono. La Chiesa è fatta di clero e laici. Forse le affermazioni dei pontefici ci sembrano un po' eccessive ma, se esaminassimo i nostri immaginari e analizzassimo la vita ordinaria delle nostre comunità, scopriremmo che tale visione è molto più radicata in noi di quanto pensiamo, nonostante il deciso cambio di prospettiva operato dal Vaticano II.

Differenze di ruolo a servizio del dono e della responsabilità dell'insieme

Nella Costituzione dogmatica sulla Chiesa del Concilio Vaticano II *Lumen Gentium,* ai capitoli I e II, la Chiesa è presentata come parte del mistero salvifico di Dio, frutto della stessa Trinità nel suo agire per il bene del mondo (*LG* 2-4). Tale mistero non è una realtà invisibile e impalpabile, ma storica, che il Concilio individua principalmente come l'unico «popolo di Dio», convocato dal Padre, non per i suoi meriti, ma per pura grazia (*LG* 9). Un popolo dove tutti i membri godono della dignità e libertà dei figli di Dio, dove le differenze sociali, di razza, di genere non sono motivo di divisioni e gerarchie di potere (cfr. *Gal* 3,26-29), perché la legge che vige tra tutti è quella della carità, del servizio reciproco e al mondo. Infatti, la Chiesa è un «popolo messianico», che assume lo stile di servizio e di misericordia di Gesù, lo stile del seme che muore per portare frutto, lo stile della povertà e umiltà, la predilezione per i più piccoli. Così facendo, tale popolo si fa segno e strumento di comunione, di unità, di riconciliazione per tutto il mondo (cfr. *Comunione*).

Quest'unico popolo si realizza grazie all'accoglienza del Vangelo da parte dei tanti popoli della terra, dando vita a Chiese locali che esprimono, vivono e celebrano l'unica fede secondo la cultura e i linguaggi propri di quella terra. È un popolo «cattolico», dice la *Lumen Gentium* al n. 13, che vive della pienezza della verità del Vangelo, pienezza raggiunta anche attraverso la comunione delle differenze.

In esso, ciascuna e ciascun fedele è chiamato a essere sacerdote a immagine di Cristo, a offrire, cioè, la propria vita; ciascuna e ciascuno è responsabile dell'annuncio perché la luce del Vangelo raggiunga ogni donna e ogni uomo (cfr. *Corresponsabi-*

lità). Ciascuno vive questa responsabilità secondo i doni (carismi) che lo Spirito gli ha dato, mettendoli a servizio del bene comune (*LG* 12). Il popolo di Dio, infatti, è tempio dello Spirito, quello Spirito che ha la creatività delle differenze, delle particolarità, tenendo tutti uniti.

Alcuni tra i membri di questo popolo saranno chiamati a servizi ("ministeri") indispensabili per il corpo ecclesiale, per sostenere la comunità tutta ad adempiere la missione di testimonianza e di servizio al mondo. Tuttavia, poiché questo popolo è «corpo di Cristo», in esso nessun membro può dire all'altro "tu non mi servi, io basto a me stesso, io sono il tutto" (cfr. *1Cor* 12; *Rm* 12,3-6; *Ef* 4,1-16), poiché la pienezza si ha solo nell'insieme delle diversità, diversità di Chiese sparse su tutta la terra e diversità di forme di vita, di doni e ministeri di cui ciascuna/o è portatore responsabile.

Un popolo di fratelli e sorelle, tutti discepoli missionari

La categoria di popolo di Dio per descrivere la Chiesa è ampiamente utilizzata da papa Francesco.

In particolare, nell'esortazione apostolica *Evangelii Gaudium* egli afferma che soggetto proprio dell'evangelizzazione è tutto il popolo di Dio (*EG* 111). "Tutto il popolo" significa, concretamente, tutte le Chiese sparse nel mondo, con le proprie particolarità (*EG* 115); significa anche ogni credente, battezzate e battezzati.

La ricezione, l'assimilazione della svolta operata dal Vaticano II – dalla Chiesa divisa in due gruppi ineguali alla Chiesa popolo di credenti – si sintetizza nella nota espressione: siamo tutti e tutte «discepoli missionari» (*EG* 120). Anche il clero è discepolo e non solo insegnante e anche i laici sono missionari e non solo recettori dell'insegnamento e delle cure del clero (cfr. *Trasformazione missionaria*). Anzi, bisognerebbe proprio superare l'utilizzo di queste due categorie, perché non sono in grado di descrivere la varietà dei soggetti che formano la Chiesa. Per quanto il clero appaia omogeneo, in realtà si articola in tre forme, una delle quali è il diaconato che vede per lo più coinvolti uomini sposati, con una loro professione; per non dimenticare i presbiteri sposati delle Chiese orientali. Se guardiamo, poi, il cosiddetto laicato, esso è ancora più diversificato: innanzitutto, compaiono le donne; ci sono alcuni che vivono il sacramento del matrimonio mentre altri no; c'è chi vive particolari forme di consacrazione, chi svolge ministeri specifici e vari servizi nelle comunità e chi è impegnato in attività politiche, sociali, culturali. Un popolo, dunque, dai molti volti e ciascuno di questi è prezioso per il bene dell'insieme.

Infine, non va dimenticato l'accorato appello dell'enciclica *Fratelli tutti*. Rivolto a ogni donna e a ogni uomo, l'appello alla fraternità universale ricorda, innanzitutto, ai credenti in Cristo di essere i primi chiamati, per grazia, a realizzare concrete comunità dove le relazioni siano caratterizzate da tale fraternità: «Ma voi non fatevi chiamare "rabbì", perché uno solo è il vostro Maestro e voi siete tutti fratelli» (*Mt* 23,8).

Per convertire immaginari clericali sedimentati non basteranno certo conferenze e nemmeno autorevoli interventi pontifici, ma occorrerà cimentarsi in rapporti nuovi, di cui la sinodalità è forma e strumento privilegiato.

Per continuare la riflessione

Quali immagini di Chiesa alimentano le nostre comunità, a partire dagli operatori pastorali, dal clero e dalle persone che si incontrano nelle diverse proposte pastorali?

Quali sono le modalità di relazione che si vivono all'interno delle nostre comunità?

Per approfondire

– D. Vitali, *Verso la sinodalità*, Qiqajon, Magnano 2014.
– R. Repole, *Come stelle in terra. La Chiesa nell'epoca della secolarizzazione*, Cittadella Editrice, Assisi 2012.
– M. Nardello, *Chiesa sinodale*, in «Credere Oggi» 39 (4/2019), n. 232, pp. 115-127.

2
FRATERNITÀ
Essere Chiesa nel mondo che annuncia il Vangelo a ogni creatura

don Cristiano Passoni

Una parola non scontata

Sembra una parola scontata e invece non lo è. Cosa pensiamo quando parliamo della "fraternità"? La via, il flusso, la piazza, la gente che in qualche modo vuole incontrarsi o si sente accomunata da chissà che, dopo una stagione di solitudine e distanziamento come quella che abbiamo appena vissuto? Oppure l'abbraccio che accomuna persone diverse e le fa sentire "fratelli d'Italia" dopo una vittoria? Tutto questo è vero, ma non basta a definirla. Descrive solo un po' che cosa sia fraternità, ne lascia intuire il senso.

Tuttavia, l'incertezza di questo modo di sentire dice qualcosa di ciò che essa contiene. Più che un diritto o un dovere, come la libertà e l'uguaglianza, essa sembra aprire lo spazio di un desiderio, di un'aspirazione e, insieme, di un riconoscimento. È ciò che si è, ma anche ciò che si vorrebbe diventare, sempre di più, riconoscendolo come un bene essenziale, un modo d'essere indispensabile.

Insieme, "fraternità" oggi è anche diventato un termine considerato con poca benevolenza, perché ritenuto troppo sentimentale, retaggio di una risonanza cristiana che il tempo chiede di riconsiderare in fretta. Lo ricorda anche papa Francesco nel primo capitolo della sua enciclica *Fratelli tutti*:

> Per decenni è sembrato che il mondo avesse imparato da tante guerre e fallimenti e si dirigesse lentamente verso varie forme di integrazione. Per esempio, si è sviluppato il sogno di un'Europa unita, capace di riconoscere radici comuni e di gioire per la diversità che la abita. [...] Ma la storia sta dando segni di un ritorno all'indietro. Si accendono conflitti anacronistici che si ritenevano superati, risorgono nazionalismi chiusi, esasperati, risentiti e aggressivi.
>
> (*FT* 10)

La fraternità non va da sé

Da queste brevi battute introduttive riconosciamo che, nonostante l'evidenza dei legami, la fraternità non si impone, non va per nulla da sé. Non è così per i fratelli e le sorelle di sangue, come ci racconta spesso la Bibbia – basta pensare alla storia di Giuseppe, venduto dai suoi stessi fratelli –, non lo è per il genere umano.

Charles M. Schulz, il grande inventore di Charlie Brown, non manca di evidenziarlo nelle sue celebri vignette. Con fine acutezza, invita semplicemente a pensarci, raccogliendo a piene mani dalla vita che facciamo, rispecchiata nei suoi noti personaggi. Un giorno Lucy chiede a Charlie Brown: «Perché noi siamo sulla terra?». «Per far felici gli altri», risponde lui. E lei, pensando a voce alta: «Io non credo di far molto felice nessuno». Poi, continua: «Certo non c'è nessuno che fa felice ME». E, infine, sconsolata, grida verso Charlie Brown, facendogli fare un capitombolo: «C'è qualcuno che non sta facendo il suo dovere!!!». È la fatica della fraternità, il compito che si dimentica in fretta e che si patisce gli uni con gli altri, persino tra fratelli, sorelle o amici.

In seguito, Lucy si confida con Linus: «Charlie Brown dice che noi siamo qui sulla terra per far felici gli altri». E lui risponde: «È per questo che siamo qui? Forse bisognerà che cominci a darmi più da fare. Mi seccherebbe essere spedito indietro». Più in là ancora, Lucy rimprovera Linus che non è felice perché non ama il genere umano. E lui risponde: «Io amo il genere umano. È la GENTE che non posso sopportare».

Anche Snoopy, l'immancabile bracchetto, ci mette del suo. In una nuvoletta di pensieri si sfoga: «La vita di un cane è triste. I gatti ci odiano, i cavalli ci calpestano, le fiere ci disprezzano». Però, ammirato, guardando verso Charlie Brown dice: «Per fortuna c'è la GENTE» (cfr. *Il Vangelo secondo Charlie Brown*). A suo modo, con acutezza e ironia, il tema della fraternità, cui è connesso quello della felicità, è messo in campo nella sua evidenza, così come nella sua paradossalità. Non tutto è facile e scontato, i rapporti, talora, pesano. Però, ci si può davvero aiutare.

Insomma, la fraternità non va da sé: non si impone al genere umano come una necessità. Piuttosto, si tratta di un desiderio, di un'aspirazione che indica un "oltre" e, insieme, un legame più profondo, tutto da scoprire.

Qualcuno ha detto che essa è una sorta di segnale: «Avverte che l'ordine sociale, giuridico e politico non può assumere il registro del senso. Può solo camminare con leggerezza attorno ad essa» (J.L. Nancy). È per questo che non si impone con una legge. Anzi, talora, proprio questa è la sua contraffazione. Quando la si impone, diventa formalismo, facciata, formalità. Dentro e fuori dalla Chiesa. Piuttosto, la fraternità la si riconosce, la si apprezza come un'evidenza che tiene insieme, un dono pensato da Dio, che merita di essere vissuto e incoraggiato.

La fraternità nella Chiesa in un "passaggio d'epoca"

Se vi prestiamo attenzione, tutto questo è anche ciò che emerge dall'odierno vivere ecclesiale. In questo importante "passaggio d'epoca", che cosa è fraternità nella Chiesa? Per qualcuno le pratiche sono diventate insignificanti, per altri sono ancora decisive. Ad alcuni i riti e i linguaggi che la Chiesa propone sembrano un po' invecchiati, incapaci di veicolare un trasporto, un'appartenenza; per altri sono semplicemente l'evidenza di una comunione profonda. Insomma, in tale contesto, così in evoluzione, diventa difficile capire cosa sia fraternità. Eppure, ancora oggi essa si raccomanda come quell'evidenza non imposta, che lascia trasparire l'unicità e la bellezza del Vangelo che raduna la Chiesa come un popolo, secondo la bella immagine del Concilio (cfr. *LG* 4).

Come suggerisce papa Francesco nella *Fratelli tutti*, «nessuno può affrontare la vita in modo isolato. C'è bisogno di una comunità che ci sostenga, che ci aiuti e nella quale ci aiutiamo a vicenda a guardare avanti». Di qui l'invito a un grande sogno che non è evasione dal reale, ma un modo vero per abitarlo:

> Sogniamo come un'unica umanità, come viandanti fatti della stessa carne umana, come figli di questa stessa terra che ospita tutti noi, ciascuno con la ricchezza della sua fede o delle sue convinzioni, ciascuno con la propria voce, tutti fratelli!
>
> (*FT* 8)

Ma di cosa è fatto questo sogno? Di una soglia per entrarvi, di un'immagine per leggerla e di una pratica per viverla.

Una porta di accesso

La porta di ingresso di un testo lo rende interessante e il suo finale contiene il saluto con il quale esso vuole essere ricordato, e ciascuno di noi lo porterà in qualche modo con sé. Leggendo l'enciclica di papa Francesco *Fratelli tutti*, il tratto che unifica l'ingresso e il finale è quello della santità. È, infatti, dalla santità di Francesco di Assisi che prende ispirazione e avvio il discorso ed è da quella altrettanto singolarissima e intensa di Charles de Foucauld che si concretizza il congedo.

La santità trasforma la soglia di ingresso nella fraternità in un modo di salutarsi. Davvero commovente! Che cosa c'è di più ordinario e insieme di più profondo? «Fratelli tutti», infatti, è il modo col quale san Francesco si rivolgeva «a tutti i fratelli e le sorelle» per «proporre loro una forma di vita dal sapore di Vangelo». Il Poverello lo aveva imparato, non senza fatica, nella sua giovinezza in un incontro ripugnante, poi tramutatosi in dolcezza. Nel suo *Testamento* lo ricorda con toni luminosissimi come qualcosa che si è impresso nel suo vissuto per cambiarlo dall'interno, per sempre. «Il Signore dette a me, frate Francesco, d'incominciare a fare penitenza.» «Frate/Fratello» chiama se stesso alla fine, ma questa consapevolezza l'aveva maturata per grazia, nell'incontro con i lebbrosi. L'inamabile, lo scarto, l'avanzo ingombrante era diventato per lui uno sguardo nuovo, impensabile, sugli uomini. Non c'erano più, per lui, vicini e lontani, amici e uomini ai bordi delle strade da dimenticare: c'erano, invece, dei fratelli da riconoscere, ovunque e comunque fossero. «E il Signore mi donò dei fratelli», annota ancora nel suo *Testamento*. La fraternità è un dono da riconoscere.

La sfera e il poliedro

L'ingresso ha bisogno anche di un'immagine per continuare il cammino. Un'immagine che ritragga un modo di essere Chiesa ponendo al centro la fraternità. È quella – indicata da papa Francesco nella *Evangelii Gaudium* – del "poliedro" che vorrebbe sostituire quella della sfera, perfetta, ma poco realistica e incapace di rendere la ricchezza della varietà dei rapporti ecclesiali (cfr. *Comunione*).

> Il modello non è la sfera, che non è superiore alle parti, dove ogni punto è equidistante dal centro e non vi sono differenze tra un punto e l'altro. Il modello è il poliedro, che riflette la confluenza di tutte le parzialità che in esso mantengono la loro originalità. Sia l'azione pastorale sia l'azione politica cercano di raccogliere in tale poliedro il meglio di ciascuno. Lì sono inseriti i poveri, con la loro cultura, i loro progetti e le loro proprie potenzialità. Persino le persone che possono essere criticate per i loro errori, hanno qualcosa da apportare che non deve andare perduto. È l'unione dei popoli, che, nell'ordine universale, conservano la loro peculiarità; è la totalità delle persone in una società che cerca un bene comune che veramente incorpora tutti.
>
> (*EG* 236)

La pratica: la mistica della fraternità

Ogni realtà ha bisogno non solo di una porta di accesso e di una immagine che la indichi, ma anche di una pratica che la faccia vivere, che metta realmente in viaggio. Papa Francesco l'ha indicata con chiarezza nell'ideale di una «fraternità mistica, contemplativa». Anche in questo caso, non si tratta di nulla di astratto:

> Oggi, quando le reti e gli strumenti della comunicazione umana hanno raggiunto sviluppi inauditi, sentiamo la sfida di scoprire e trasmettere la "mistica" di vivere insieme, di mescolarci, di incontrarci, di prenderci in braccio, di appoggiarci, di partecipare a questa marea un po' caotica che può trasformarsi in una vera esperienza di fraternità, in una carovana solidale, in un santo pellegrinaggio.
>
> (*EG* 87)

In sostanza, la vita dell'altro, la sua presenza, le sue domande, il suo personalissimo viaggio, unito alla carovana del mondo sono la pratica in cui accade la fraternità. Il modello, però, non sta in un ideale scritto a tavolino, ma nella carne di Gesù, il Figlio di Dio, che «nella sua incarnazione, ci ha incitato alla rivoluzione della tenerezza» (*EG* 88).

Come ha ricordato Gesù ai suoi discepoli «non fatevi chiamare "rabbi", perché uno solo è il vostro

Maestro e voi siete tutti fratelli» (*Mt* 23,8). Riconoscersi fratelli non è un *optional* per essere Chiesa. È, invece, il modo originale per intuire la profondità dei legami nella Chiesa e con il mondo e, insieme, il dono nel quale vivere.

Per continuare la riflessione

Un gruppo o un consiglio pastorale o una diaconia sono sicuramente un luogo di legami, e la loro qualità dà un volto al gruppo, più di ogni parola o etichetta: «Come io vi ho amati, anche voi amatevi gli uni gli altri. Da questo conosceranno tutti che siete miei discepoli, se avete amore gli uni per gli altri» (*Gv* 13,34-35). Le parole dell'evangelista Giovanni sono chiare. Com'è la qualità delle relazioni che viviamo nei diversi contesti ecclesiali?

Quali sono gli aspetti da curare maggiormente, perché capaci di convertire alla fraternità ed esprimere fraternità quale condizione necessaria, pur se non sufficiente, per praticare la sinodalità?

Per approfondire

- FRANCESCO, *Fratelli tutti. Lettera enciclica sulla fraternità e l'amicizia sociale*, Centro Ambrosiano, Milano 2020.
- J. RATZINGER, *La fraternità cristiana*, Queriniana, Brescia 2005.
- M.I. RUPNIK, *Cerco i miei fratelli. Lectio divina su Giuseppe d'Egitto*, Lipa, Roma 1998.
- C. THEOBALD, *Fraternità*, Qiqajon, Magnano 2016.

3
COMUNIONE
Pluriformità nell'unità, da riscoprire e da vivere

Valentina Soncini

Comunione *versus* uniformità

La parola "comunione" è un vocabolo poco usato nel linguaggio laico, dove si trova a livello diffuso quasi solo nell'espressione "in regime di comunione" per indicare il tipo di scelta di condivisione dei beni tra marito e moglie. Altri usi sono caratterizzati da significati prevalentemente religiosi: "comunione" richiama "prima comunione" o "fare la comunione" e rimanda al mistero eucaristico; a un livello più tecnico, "comunione tra le Chiese" o "comunione tra il Papa e i vescovi" indica l'accordo dei vescovi con il Papa o anche dinamiche ecumeniche; "stile di comunione" esprime ricerca di concordia. In breve, questo vocabolo, composto da *con*(m)*-unione*, rimanda a ciò che favorisce unità, accordo.

Sembrerebbe che il nemico della comunione sia il disaccordo e/o il conflitto, per evitare il quale è bene che i motivi di divisione vengano risolti o sciolti. Chiaramente, il conflitto fa paura, disperde energie, consuma tempo, rende incerto un cammino e il suo esito. Questa dimensione della relazione rischia, dunque, di essere eliminata, ma con essa si annulla la varietà della realtà, la si semplifica, la si rende uniforme, la si impoverisce. Ciò è molto problematico, soprattutto se le differenze non sono entità astratte, ma persone diverse, accolte o non accolte.

Nei numeri 226-230 di *Evangelii Gaudium*, papa Francesco enuncia il principio che «l'unità prevale sul conflitto»; ciò significa che i conflitti generati dalle differenze ci sono: possono essere ignorati, possono divenire trappole che impediscono ogni movimento, oppure possono essere accettati e attraversati per giungere a una superiore unità.

> Accettare di sopportare il conflitto, risolverlo e trasformarlo in un anello di collegamento di un nuovo processo. In questo modo, si rende possibile sviluppare una comunione nelle differenze, che può essere favorita solo da quelle nobili persone che hanno il coraggio di andare oltre la superficie conflittuale e considerano gli altri nella loro dignità più profonda.
> (EG 227-228)

L'impiego di energia e la visione più profonda della realtà che la via indicata dal Papa presuppongono, spiegano perché nel vivere quotidiano è più facile che prevalgano logiche che puntino a uniformare o semplificare la realtà per disinnescare a monte il potenziale conflitto e governare meglio certi processi. Si pensi ai luoghi di lavoro, a una classe o ai processi di comunicazione pubblica. A livello ecclesiale/pastorale "comunione" intesa come "uniformità" può significare, implicitamente o esplicitamente, sentire di doversi allineare all'autorità religiosa, sia essa rappresentata dal parroco, da altri preti, o da soggetti (consacrati, laici) che detengono il "controllo" delle iniziative pastorali.

Ciascuno provi a riflettere sulla propria esperienza di partecipazione pastorale: l'espressione di posizioni difformi a quelle della linea dominante durante una riunione come "suona"? Oppure, la presenza di gruppi un po' al margine dell'attività prevalente che effetto provoca? È scontato che si dica che "la diversità è una ricchezza"?

In questa linea, è evidente la riduzione di orizzonte a cui si va incontro: da quei significati di "comunione", richiamati all'inizio di questo ragionamento, che rimandavano al modo di porsi nei confronti del magistero del Papa o a un sacramento, si giunge a un "appiattimento" sulla visione di un responsabile parrocchiale (ordinato o laico), atteggiamento che genera delle comunità "a immagine e somiglianza" di chi le guida (il parroco o chi per lui).

Chiediamoci quale sia l'effetto di queste dinamiche uniformanti ai fini di una reale comunione (cfr. *Franchezza*).

Il rischio a cui è esposta, a tutti i livelli, una dinamica di comunione fa interrogare, almeno nella prospettiva di fede, sul suo significato più profondo: da dove viene? Come la si custodisce/realizza a livello personale ed ecclesiale?

Comunione come "mistero", cioè "rivelazione" inaspettata dell'unità trinitaria di Dio

Il teologo Roberto Repole, in un testo di commento alla *Lumen Gentium*, il cui primo capitolo definisce la Chiesa «mistero di comunione», così scrive:

> Provenendo dall'agire trinitario di Dio, la Chiesa è segno nel mondo della comunione con Lui e dell'u-

nità del genere umano cui chiama tutta l'umanità ed è, insieme, lo strumento attraverso cui Dio continua a realizzare il suo progetto salvifico universale.

La Chiesa si radica nel mistero di Dio, uno e trino, in una comunione che la precede e la fonda e tende al compimento del regno di Dio, con il quale non coincide. *Lumen Gentium* al numero 3 conclude dicendo: «A questa unione con Cristo sono chiamati tutti gli uomini: da lui siamo, per lui viviamo, verso di lui tendiamo». Nel suo cammino storico, la Chiesa è edificata e guidata dall'azione vivificante e rigenerante dello Spirito che suscita i doni necessari per svolgere la sua missione. Il vissuto della Chiesa, prima che in ruoli e funzioni, si esprime nei legami di fraternità tra le sue membra, parte di un unico corpo.

La provenienza della Chiesa dalla trinità, con il rimando al suo essere «popolo di Dio», è affermata con chiarezza in *LG* 4: «La Chiesa intera appare come il popolo radunato nell'unità del Padre e del Figlio e dello Spirito Santo». Essa è il popolo santo di Dio, aperto a includere tutti i popoli nella comunione con Dio perché il suo regno di pace e di amore si estenda a tutta la realtà (cfr. *Popolo di Dio*).

In *LG* 8 i padri conciliari affermano che la Chiesa di Cristo sussiste nella Chiesa cattolica, ma che elementi di santificazione e di verità si trovano anche fuori dalla sua compagine. La Chiesa, nel farsi segno della salvezza, è chiamata a prendere la stessa via di Cristo, cioè a conformarsi a Gesù Cristo povero e ad amare i poveri e i sofferenti.

Queste poche battute aprono a un significato molto diverso di "comunione" rispetto alla comprensione corrente, anche a livello intra ecclesiale.

L'unità da cui la Chiesa proviene è quella trinitaria che esprime il mistero di un Dio la cui unica natura non si dà in modo monolitico ma trinitario (tre diverse persone in relazione tra loro) e l'unità/comunione a cui tende è data dal conformarsi a Cristo povero. Contenuto e forma dell'amore "parlano la stessa lingua", e si danno in una modalità che sconvolge ogni progetto di dominio, si presentano in modo disarmato, solidale, per tutti, a favore di tutti. Lo Spirito agisce in essa per compiere la missione del Figlio, suscita carismi diversi, ispira i credenti perché agiscano come Cristo ha agito.

Emerge una descrizione di Chiesa come soggetto complesso, un corpo con tante membra, popolo variegato, pluriforme. In essa, la dimensione comunionale non è qualcosa di statico, di già affermato, ma è un'origine e insieme un cammino dinamico, animato da soggetti portatori originali e liberi dell'unico Spirito, grazie al quale si può giungere a una comunione delle differenze (cfr. *Partecipazione*).

La Chiesa è allora un soggetto aperto e inclusivo che, proprio perché centrato nella dimensione trinitaria, risulta un poliedro dalle infinite sfumature che dicono, insieme, senza esaurirlo, il mistero di Dio Padre di tutti.

Impegno di laici e ministri ordinati a promuovere dinamiche di comunione

L'appello a una Chiesa di comunione non può essere ridotto a una Chiesa di fedeli uniformati alle indicazioni, pur legittime, di un presbitero o di un vescovo, ma è un appello ben più profondo a lasciarsi abitare dallo Spirito, ricevuto con il dono del battesimo, per far progredire la Chiesa verso il compimento della sua missione, cioè essere segno e anticipo del regno di Dio.

Nei fedeli agisce il dono dello Spirito, lo stesso Spirito; per questo tutti hanno la medesima dignità battesimale, la medesima fede, la potenzialità di essere, a seconda della propria storia di docilità allo Spirito, pietre vive dell'edificio spirituale che è la Chiesa. Ciò conduce a riconoscersi con la medesima dignità di figli dell'unico Padre e a scegliere di vivere coerentemente con tutti come fratelli.

Lo Spirito agisce nell'interiorità dei singoli, suscitando "persone in comunione" e opera, inoltre, nella Chiesa in quanto unifica i servizi (ministeri), istruisce e dirige attraverso i diversi doni gerarchici e carismatici. Tra i doni gerarchici, chiaramente volti alla realizzazione dell'unità anche sociale e visibile della Chiesa, c'è l'istituzione, incarnata da chi è ordinato (dal vescovo al diacono).

Questo modo di intendere la comunione non è, dunque, un invito a degenerare in dinamiche anarchiche, ma è un processo che prevede la diversità di ruoli, ministeri, responsabilità per l'edificazione della Chiesa e per il bene comune.

Tutta la Chiesa è un unico corpo ben ordinato, nel quale l'autorità gerarchica svolge la funzione di governo, non dominando al modo del mondo, bensì vivendo il potere come servizio.

Vivere una "spiritualità di comunione" significa, allora, disporsi all'ascolto dello Spirito, sia personalmente sia insieme, tramite percorsi di discernimento comunitario e personale di ciò che il *sensus fidei*, infallibile "*in credendo*", suggerisce a tutti i battezzati che si lasciano guidare in obbedienza a chi nella Chiesa dispone dell'istinto infallibile "*in docendo*" (cfr. *LG* 12). Rispetto e ascolto reciproco tra ordinati e laici non rappresenta una moda democratica, ma un frutto dello Spirito che esige dall'interno della vita della Chiesa l'esercizio di uno stile sinodale tra i fedeli, veramente chiamati tutti in gioco per meglio comprendere i segni dello Spirito nella storia corrente (cfr. *Ascolto*; *Discernimento comunitario*).

La comunione intra ecclesiale che si persegue e concretizza nel rapporto dentro una Chiesa locale (diocesi) tra il vescovo e il suo popolo si compie poi nella comunione tra le Chiese, grazie all'esercizio della collegialità interna al collegio episcopale. I due livelli non sono separati (relazione vescovo-diocesi e collegio episcopale) ma la modalità con la quale sono correlati è ancora fonte di discussione. Eppure, proprio in questo snodo tra il rapporto vescovo/presbiterio e fedeli laici, da un lato, e vescovi tra loro, dall'altro, si gioca un aspetto molto importante della comunione. A seconda di come sono interpretati il ministero presbiterale e quello episcopale, se in chiave sinodale o monarchica, ne va della modalità di realizzazione dei diversi livelli di comunione.

In modo molto incisivo, il teologo Repole segnalava, già in un suo intervento in diocesi di Milano nel 2018, che la comunione delle Chiese necessita di una relazione di sana circolarità tra sinodalità e collegialità, per dare forma convincente alla comunione delle Chiese; cioè, il vescovo, che si fa garante in tutte le relazioni ecclesiali della apostolicità e cattolicità della Chiesa da lui presieduta, pone il suo presbiterio a servizio della medesima apostolicità e cattolicità della Chiesa. D'altro canto, si fa principio di unità anzitutto del suo presbiterio, dentro il quale ciascun presbitero è importante che si ponga «non battitore libero e isolato a sua volta, ma in quanto parte di un soggetto collettivo a servizio della fraternità ecclesiale».

La dinamica della comunione è pluridirezionale: va dal centro, l'unità del Collegio apostolico, alla periferia, ma può anche essere suscitata da una Chiesa particolare per "contagiare" il livello universale. Allo stesso modo, può essere indicata dal vescovo o essere raccolta da lui dentro il vissuto di battezzati di una Chiesa particolare.

Evidentemente, la comunione non può essere un "uniformarsi" al modo di essere di qualcuno; è molto di più, perché molto di più è la fantasia dello Spirito e molto di più è la dignità di ciascun uomo, chiamato in modo originale a conformarsi a Cristo per essere figlio nel Figlio e fratello di tutti.

Per continuare la riflessione

Un gruppo o un consiglio pastorale che intendano approfondire in particolare il capitolo II *Siano una cosa sola* della Lettera pastorale dell'arcivescovo Mario Delpini *Unita Libera Lieta. La grazia e la responsabilità di essere Chiesa* (Centro Ambrosiano, Milano 2021), può farsi provocare da qualche spunto di questa parola e chiedersi:

quali sono le ragioni di alcune difficoltà pastorali a vivere la dinamica di comunione?

Quali sono i segni di novità che lo Spirito continua a suscitare, che possiamo cogliere nel nostro contesto ecclesiale?

Per l'approfondimento

– R. Repole, *Sinodalità - collegialità: quali circolarità possibili e quali indicazioni per il cammino*, in AA.VV. *La sinodalità nella Chiesa*, Centro Ambrosiano 2018.
– A. Giraudo, *Diritto canonico e/o Chiesa di comunione: quali convergenze e quali problematiche*, in AA.VV. *La sinodalità nella Chiesa*, Centro Ambrosiano 2018.

4
ASCOLTO
Chiesa attenta ai gemiti dello Spirito disseminati al di là dei cancelli ecclesiali

Gabriele Cossovich

Conversione all'ascolto

Il processo sinodale, sia nel suo momento istituzionale – il Sinodo – sia nel dispiegarsi quotidiano dentro la vita della Chiesa, trova nell'apertura all'ascolto – della Parola, dello Spirito, tra i membri del popolo di Dio – la disposizione fondamentale del suo attuarsi. Potremmo dire che la conversione sinodale della Chiesa, che tanto sta a cuore a papa Francesco, sia anzitutto una conversione all'ascolto, che significa alzare lo sguardo da sé per rivolgerlo avanti, compiendo lo sforzo di abbandonare, almeno per un istante, la propria prospettiva per accostarsi a quella dell'altro.

È un'esperienza di uscita da sé per nulla scontata, alla quale siamo poco abituati. Viviamo in un'epoca in cui a essere preponderanti sono la dimensione visiva, l'immagine e l'emozione che da questa immediatamente scaturisce. Accostarsi alla realtà con un approccio prettamente visivo fa sì che essa venga colta nella sua passività, osservata senza venire interpellata, guardata e giudicata solo a partire dal proprio "punto di vista" (espressione che, non a caso, include una metafora visiva). Non è scontato scegliere di ascoltare, dare la parola alla realtà, accogliere quello che essa ha da dire.

È una fatica che Gesù stesso ha sperimentato. È emblematico, in questo senso, l'episodio dell'incontro con la donna siro-fenicia (cfr. Mc 7,24-30). Gesù, progettando il suo ministero, aveva scelto di rivolgersi esclusivamente al popolo di Israele. Guardando la donna dal proprio punto di vista, vede una straniera e conseguentemente rifiuta di guarire la figlia malata, riservandole una delle risposte più dure di tutto il Vangelo. Poi però è lei che prende la parola e Gesù si dispone ad ascoltarla. E quell'ascolto – della donna e dello Spirito, che attraverso di lei fa udire la sua voce – produce in Gesù un cambiamento: letteralmente «per questa tua parola» (Mc 7,29) manda all'aria lo schema che si era prefissato e compie il miracolo.

Disporsi all'ascolto significa questo: essere disponibili a lasciarsi scalfire dall'altro, mettere la verità di cui l'altro è portatore prima dei propri schemi e delle proprie convinzioni. Abbandonare la pretesa di possedere da soli la verità tutta intera.

Un esempio attuale

Questo tempo chiede a tutti, volenti o nolenti, uno slancio nuovo. Lo stop delle attività pastorali imposto dalla pandemia ha interrotto le prassi, spezzando un ritmo consolidato al quale la comunità cristiana era abituata e che, nonostante da tempo si segnalassero diversi scricchiolii nel sistema, contribuiva sostanzialmente a perpetuare. La ripartenza, dopo mesi di inattività, non è stata indolore. Pressoché ovunque si registra un calo della partecipazione alle iniziative pastorali, dal numero dei fedeli che partecipano alla messa della domenica a quello delle presenze alle diverse proposte.

Di fronte a questa realtà, presbiteri, consigli pastorali e operatori a diversi livelli sono chiamati alla fatica – e hanno l'occasione – di fare discernimento: leggere la realtà per individuare strade da percorrere. Il modo attraverso il quale questo discernimento viene compiuto rappresenta un'ottima cartina di tornasole per mostrare quanto ciascuno sia sintonizzato dentro la prospettiva sinodale e quanto, invece, fa ancora resistenza a entrarvi. Prendendo qui in considerazione, tra i diversi elementi caratterizzanti la sinodalità, solamente quello dell'ascolto, la domanda da porre, pensando al proprio contesto pastorale è: nel processo di discernimento della situazione attuale, quanto spazio è stato dato all'ascolto e, soprattutto, chi si è scelto di ascoltare? Si è lasciato spazio a prospettive molteplici, evitando uno sguardo esclusivamente autoreferenziale, disponibili a lasciarsi eventualmente destabilizzare?

Una comunità incapace di allargare l'ascolto a prospettive differenti tenderà a mettere in moto una dinamica di "recupero del terreno perduto", nel tentativo di ripristinare per quanto possibile la situazione precedente. Con l'idea che "niente sarà più come prima", ma quello che sarà dovrà assomigliargli il più possibile.

Disporsi all'ascolto significa, invece, accettare la fatica di aprirsi a prospettive nuove, pur se imprevedibili e scomode; deporre il già noto e lasciar emergere domande per le quali, probabilmente, non si troveranno risposte pronte all'uso.

Dopo il primo lockdown, Tomáš Halík, teologo di origine ceca, ha pubblicato un libretto intitolato *Il segno delle chiese vuote* e scrive così:

> Non posso però fare a meno di chiedermi se questo tempo di chiese vuote e chiuse non rappresenti una sorta di monito per ciò che potrebbe accadere in un futuro non molto lontano. [...] Forse questo tempo di edifici ecclesiali vuoti mette simbolicamente in luce il vuoto nascosto delle Chiese, e il loro possibile futuro se non si compie un serio tentativo per mostrare al mondo un volto del cristianesimo completamente diverso.

È chiaro che, ad esempio, metterci in ascolto di una parola come questa sia faticoso e contribuisca più a suscitare interrogativi che a risolverli. È chiaro che la prospettiva di «un cristianesimo completamente diverso» apre un orizzonte per nulla limpido, che volentieri ci vorremmo risparmiare. Tuttavia, è questo lo sforzo che la prospettiva della sinodalità chiede di intraprendere: mettersi in ascolto sincero della realtà, accogliendo ciò che essa svela. Senza pretendere da noi soluzioni fatte e finite, ma nella consapevolezza che è più fecondo procedere a tentoni in questo cammino che viaggiare spediti sulle autostrade delle nostre inattuali certezze.

Ascolto a 360 gradi

L'ascolto che la prospettiva sinodale chiede di mettere in atto ha come interlocutore lo Spirito Santo. La finalità del discernimento comunitario – come afferma la Commissione teologica internazionale (CTI) nel testo *La sinodalità nella vita e nella missione della Chiesa* – è infatti produrre un «ascolto attento e coraggioso dei gemiti dello Spirito che si fanno strada attraverso il grido, esplicito e anche muto, che sale dal Popolo di Dio» (114).

La voce dello Spirito si fa sentire in una molteplicità di forme che, chi si accinge a entrare in una dinamica sinodale, deve imparare a frequentare: l'ascolto personale e comunitario della Parola, il dialogo e il discernimento dentro la comunità cristiana (cfr. *Discernimento comunitario*), ma anche un ascolto che travalica i confini ecclesiali, dal momento che lo Spirito «riempie l'universo» (*Gaudium et Spes* 11) e «soffia dove vuole» (*Gv*

3,8). Da questo punto di vista, il documento della CTI afferma anzitutto il valore dell'ascolto reciproco tra diverse confessioni cristiane, riconoscendolo promettente nella prospettiva di uno «scambio di doni di cui ci si può mutuamente arricchire» (117). Esprime, inoltre, la necessità di allargare lo sguardo disponendosi ad ascoltare la «Parola di Dio che risuona nell'attualità», interpretando cioè «con gli occhi della fede i segni dei tempi» (68).

Quest'ultimo aspetto oggi è decisivo. Il magistero di papa Francesco, sin dall'inizio, ha voluto orientare lo sguardo delle comunità cristiane al di là dei cancelli ecclesiali, con l'obiettivo di ricentrare la Chiesa nella sua vocazione evangelizzatrice. L'evangelizzazione, però, non è concepita a senso unico: andando nel mondo – afferma *Evangelii Gaudium* – la Chiesa, non solo evangelizza, ma si lascia evangelizzare, in modo particolare dai poveri:

> Per questo desidero una Chiesa povera per i poveri. Essi hanno molto da insegnarci. Oltre a partecipare del *sensus fidei*, con le proprie sofferenze conoscono il Cristo sofferente. È necessario che tutti ci lasciamo evangelizzare da loro. La nuova evangelizzazione è un invito a riconoscere la forza salvifica delle

> loro esistenze e a porle al centro del cammino della Chiesa. Siamo chiamati a scoprire Cristo in loro, a prestare ad essi la nostra voce nelle loro cause, ma anche ad essere loro amici, ad ascoltarli, a comprenderli e ad accogliere la misteriosa sapienza che Dio vuole comunicarci attraverso di loro.
>
> (*EG* 198)

Le comunità ecclesiali oggi corrono il rischio di rimanere concentrate su di sé, proponendo una pastorale conservativa, che si rivolge sempre agli stessi e non riesce ad apparire credibile ad altri. È quanto mai necessario recuperare la consapevolezza che non si è cristiani per se stessi, ma per l'evangelizzazione di tutti (cfr. *Trasformazione missionaria*). L'esigenza di questo mutamento di prospettiva è descritta lucidamente nell'appello *Salvare la fraternità – insieme* che un gruppo di teologi, convocati da Vincenzo Paglia e Pierangelo Sequeri, ha recentemente rivolto alla Chiesa e a tutti gli uomini e le donne di buona volontà:

> La scena originaria della rivelazione evangelica ha sempre questa struttura: Gesù, i Discepoli, la Folla dei chiunque. [...] L'ecclesiologia moderna si è specializzata nel rapporto immediato fra Gesù e i

> Discepoli, rinviando a un momento successivo l'evangelizzazione della Folla. Fino a che tale evangelizzazione è venuta praticamente a coincidere con il reclutamento ecclesiastico e l'obbedienza gerarchica di fedeli battezzati. [...] I Discepoli chiamati da Gesù sono essenziali per la mediazione autorevole dell'autenticità della rivelazione: ma non sono l'unico modello della fede. Senza la Folla dei chiunque non si fa la Chiesa di Gesù.

La conversione sinodale può realmente essere l'occasione per recuperare la vocazione all'evangelizzazione delle nostre Chiese, a patto che l'ascolto travalichi i confini delle comunità e abbia il coraggio di aprirsi al mondo, in particolare agli "ultimi", chiunque essi siano. Rinnovi il desiderio di condividere «le gioie e le speranze, le tristezze e le angosce» (*GS* 1), di comprendere i linguaggi, di vivere insieme la stessa vita. Perché solo un Vangelo vissuto pienamente nel mondo potrà essere riconosciuto credibile. L'obiettivo è – si sottolinea nell'appello – compiere lo stesso percorso di Gesù:

> Il Figlio di Dio, non per caso, ha sostato per un tempo incredibilmente ampio nel grembo dell'umano, crescendovi in età, sapienza e grazia: imparando da

noi come ci prendono il cuore, e come ci trapassano l'anima, le cose della vita. E quando incominciò a parlare e ad agire "le cose del Padre", il "popolo" ha percepito infallibilmente la profondità di questa dimestichezza. Ed è rimasto impressionato dalla sensibilità con la quale la novità evangelica di Dio si faceva strada in essa.

Per continuare la riflessione

Fare discernimento sulla nostra capacità di ascoltare significa anzitutto purificarci da tutto ciò che ostacola il nostro metterci davanti all'altro: i pregiudizi, il pensarci in contrapposizione, la resistenza ad abbandonare il proprio punto di vista, le proprie certezze.

Come Chiesa, quali occasioni abbiamo di incontro e confronto con chi condivide prospettive diverse dalle nostre, quanto siamo disposti a perderci, singolarmente e come comunità – in termini di tempo, energie, cambiamento rispetto alle abitudini – per andare incontro a chi è distante, individuando passi concreti?

Per approfondire

– COMMISSIONE TEOLOGICA INTERNAZIONALE, *La sinodalità nella vita e nella missione della Chiesa*, https://www.vatican.va/roman_curia/congregations/cfaith/cti_documents/rc_cti_20180302_sinodalita_it.html.
– T. HALÍK, *Il segno delle Chiese vuote*, Vita e pensiero, Milano 2020.
– PONTIFICIA ACCADEMIA PER LA VITA, *Salvare la fraternità – insieme. Un appello per la fede e il pensiero*, 2021, http://www.academyforlife.va/content/pav/it/salvare-fraternita.html.

5
PARTECIPAZIONE
Regole e linee per coinvolgersi, non barriere

Marco Colombo

/par·te·ci·pa·zió·ne/ *sostantivo femminile* Presenza o intervento in un fatto di ordine o interesse collettivo.
sinonimi: adesione, contributo, collaborazione, intervento, compromissione

Basterebbe partire da questa breve definizione del dizionario per comprendere appieno il significato di questa categoria che più ci appare scontata e cerchiamo di approfondire, più ci crea perplessità e imbarazzi. In fondo, la sinodalità, come afferma papa Francesco, è un cammino insieme: più facile di così...

Partecipare è agire

«Il popolo di Dio aderisce indefettibilmente alla fede trasmessa ai santi una volta per tutte (cfr. *Gdc* 3), con retto giudizio penetra in essa più a fondo e più pienamente l'applica nella vita» (*LG* 12).

Queste parole della *Lumen Gentium* ci invitano a prendere piena coscienza della nostra fede e della nostra scelta ma, soprattutto, ci chiedono di "applicarla": quindi, non una teoria o una filosofia di vita, ma una pratica. Possiamo avere ideali alti e con la nostra vita non testimoniarli? Si può essere "credenti ma non praticanti"? È strano, pur se è condizione assai diffusa. Questa situazione è frutto di varie cause, tra le quali una tendenza all'idealizzazione che riconduce ad antiche filosofie, come afferma il Papa nella sua Esortazione apostolica sulla chiamata alla santità nel mondo contemporaneo, *Gaudete et Exsultate*. Egli denuncia un ritorno alle teorie gnostiche, in cui la salvezza consiste in un processo di auto-divinizzazione, un cammino di conoscenza in cui il soggetto deve prendere coscienza del divino che aveva già dentro di sé. La mentalità gnostica sceglie sempre la via dei ragionamenti astratti e formali e, così, sembra voler dominare e addomesticare il mistero, senza che ci sia una vera disponibilità alla conversione della vita.

GE ci avverte, dunque, che uno spirito gnostico può insinuarsi anche oggi nella vita della Chiesa, soprattutto quando il cristianesimo viene ridotto a una serie di messaggi, di propaganda o di marketing, funzionali alla ricerca di metodi per diffondere idee e convincere altri a sostenerle. Questa tendenza conduce a coltivare una vita spirituale come vita interiore, separata dall'esteriorità materiale e a ricercare la via dell'unione al divino con forme di preghiera o di meditazioni che rimangono estranee all'apertura alla grazia e all'esercizio della carità.

Il criterio evangelico per valutare la nostra vita è anzitutto quello che punta a rilevare "ciò che abbiamo fatto agli altri". La preghiera, quindi, è gradita a Dio quando vi portiamo i propositi di vivere con generosità e quando lasciamo che il dono di Dio che in essa riceviamo si manifesti nella dedizione ai fratelli.

Partecipare è contribuire

Il dono di Dio si manifesta nella dedizione ai fratelli. Questa dedizione comporta quindi il mettersi in gioco, perché i discepoli si riconosceranno «dai loro frutti» (Mt 7,20).

Dobbiamo quindi abbandonare la strada del "lasciar fare", quella di chi sta alla finestra a guardare senza sporcarsi le mani, quel “*balconear*” la vita – come dice papa Francesco – e accontentarci di criticare ciò che reputiamo gli errori del mondo che ci circonda. Questo atteggiamento potrà metterci la coscienza a posto, ma non ha nulla di cristiano perché porta a tirarsi fuori, con spirito di giudizio, mancando di capacità propositive e approcci costruttivi.

Contribuire significa prendere parte alla famosa «Chiesa in uscita», comunità di discepoli che prendono l’iniziativa. «In tutti i battezzati, dal primo all’ultimo, opera la forza santificatrice dello Spirito che spinge ad evangelizzare» (*LG* 12). Siamo quindi tutti chiamati a operare alla evangelizzazione e a metterci in gioco, ognuno secondo la propria soggettività. Ma collaborazione significa, soprattutto, che nessuno si deve sentire escluso nella Chiesa, dove ci deve essere la partecipazione di tutti e ognuno deve poter trovare il proprio spazio adeguato.

La sfida pastorale della sinodalità è, dunque, non solo fondata sull’idea della «Chiesa di comunione», ma risulta anche necessaria per recepire la conversione pastorale che papa Francesco ha chiesto a tutta la Chiesa a partire da *Evangelii Gaudium*, passando da una pastorale di «semplice amministrazione» a uno stato globale e permanente di missione (cfr. *Trasformazione missionaria*).

Partecipare è collaborare

> La sinodalità, in contesto ecclesiologico, indica lo specifico *modus vivendi et operandi* della Chiesa Popolo di Dio che manifesta e realizza in concreto il suo essere comunione nel camminare insieme, nel radunarsi in assemblea e nel partecipare attivamente di tutti i suoi membri alla sua missione evangelizzatrice.
>
> (CTI, *La sinodalità nella vita e nella missione della Chiesa*, 2018)

Un processo è effettivamente "sinodale" solo se la partecipazione può definirsi sana, inclusiva e non autoreferenziale. Il Papa, a tal proposito, ci ricorda che

> i carismi non sono un patrimonio chiuso, consegnato ad un gruppo perché lo custodisca; piuttosto si tratta di regali dello Spirito integrati nel corpo ecclesiale, attratti verso il centro che è Cristo, da dove si incanalano in una spinta evangelizzatrice. Un chiaro segno dell'autenticità di un carisma è la

> sua ecclesialità, la sua capacità di integrarsi armonicamente nella vita del Popolo santo di Dio per il bene di tutti.
>
> (*EG* 130)

Il rischio è quello di un nuovo pelagianesimo dei devoti, che magari partecipano alle pratiche e agli impegni ecclesiali, dalla liturgia alle attività comunitarie, sulla base di un'appartenenza a movimenti o associazioni, ma lo fanno soprattutto per affermare il proprio gruppo religioso e non per collaborare all'edificazione dell'unica Chiesa.

Su questo punto insiste molto papa Francesco:

> La missione della Chiesa universale si aggiorna in ogni Chiesa particolare con il proprio colore [...]. Dovete incarnarvi concretamente, non potete essere come quei gruppi tanto universali che non hanno una base in nessun posto, che non rispondono a nessuno e vanno cercando ciò che più li aggrada di ogni luogo.
>
> (*Discorso al FIAC* – Forum internazionale dell'Azione Cattolica, aprile 2017)

Partecipare è intervenire

Condividere la vita della gente è imparare a scoprire quali sono i suoi interessi e le sue ricerche, quali sono le sue ansie e le sue ferite più profonde, di che cosa ha bisogno da noi. Ciò è fondamentale nella riflessione sinodale, per non cadere nella inutilità di cercare di dare risposte a domande che nessuno si fa. I modi di evangelizzare si possono pensare in una riunione, ma solo dopo essere stati in mezzo al popolo e non il contrario (cfr. *Discernimento comunitario*). Ricordiamoci soprattutto delle stoccate di papa Francesco sui «pastori che devono avere l'odore delle pecore».

Partecipare è compromettersi

Compromettersi è esporsi a un pericolo, a un danno. Partecipare e compromettersi significa assumere il rischio, il rischio cristiano del martirio: «Se hanno perseguitato me, perseguiteranno anche voi» (*Gv* 15,18).

Partecipare risulterà quindi contro la logica del mondo, in cui si gioca per vincere!

Infine, si è credibili nel testimoniare la fede, non limitandola alla sola presenza ed esperienza all'interno di istituzioni cristiane, ma rispondendo alla secolarizzazione del mondo attuale con un atteggiamento di dialogo e di maggiore comprensione verso tutti, poiché «la santità è il volto più bello della Chiesa. Ma anche fuori della Chiesa Cattolica e in ambiti molto differenti» (*GE* 9).

Per continuare la riflessione

La partecipazione mette in gioco l'essere comunità e la vita personale di ognuno, portando e spronando chiunque, secondo le proprie capacità e i propri carismi, a contribuire in maniera nuova, profonda e fraterna alla costruzione della Chiesa, non limitando questo operato ai soli membri dei consigli pastorali e/o delle assemblee decanali, ma puntando a coinvolgere e impegnare in tal senso tutta la comunità dei fedeli.

Quali sono le modalità di partecipazione che oggi, e nel prossimo futuro, sono praticabili nella nostra realtà ecclesiale?

Per approfondire

- Francesco, *Discorso al Forum internazionale dell'Azione Cattolica*, Città del Vaticano 27 aprile 2017, https://www.vatican.va/content/francesco/it/speeches/2017/april/documents/papa-francesco_20170427_congresso-azione-cattolica.html.
- Francesco, Veglia di preghiera, Rio de Janeiro 27 luglio 2013, https://www.vatican.va/content/francesco/it/speeches/2013/july/documents/papa-francesco_20130727_gmg-veglia-giovani.html.

6
FRANCHEZZA
Strumento di evangelizzazione ed esercizio di profezia e responsabilità

Maura Bertini e Giovanni Agostoni

Nei suoi percorsi sinodali, la Chiesa si prende cura di sé, della sua capacità di ascolto e di parola coraggiosa (cfr. *Ascolto*). Perché, quale ascolto vero e quale parola coraggiosa ci possono essere verso le realtà esterne se manca l'esercizio dell'ascolto e della parola franca all'interno?

Sorge allora una domanda: abbiamo un problema di franchezza nelle nostre comunità? Pensiamo alle nostre riunioni: ci sentiamo liberi di parlare apertamente? Abbiamo il coraggio di esprimere il nostro pensiero, anche se incontriamo delle obiezioni, magari proprio dal responsabile? Forse non è sempre semplice parlare con franchezza nei nostri ambienti ecclesiali...

Ma che cos'è la franchezza? Il termine viene da lontano: per gli antichi greci (che la chiamavano *parresia*) era il diritto-dovere del cittadino di prendere posizione ed esprimerla nelle assemblee della comunità. Questo principio è valido anche per noi oggi, sia nella società civile sia nella Chiesa.

Un dono che viene dallo Spirito

«Vedendo la franchezza di Pietro e di Giovanni e rendendosi conto che erano persone semplici e senza istruzione, rimanevano stupiti e li riconoscevano come quelli che erano stati con Gesù» (*At* 4,13). La franchezza di Pietro e Giovanni di fronte al Sinedrio suscita meraviglia, spinge a chiedersi da dove provenga, visto che non è certo frutto di cultura o di rango sociale. I capitoli precedenti degli *Atti degli Apostoli* svelano l'origine di questa franchezza: è lo Spirito Santo che è disceso sugli apostoli nella Pentecoste a spingerli a uscire dal cenacolo e a testimoniare apertamente Gesù. Questa ispirazione dello Spirito scaturisce per gli apostoli dal ripensare alla propria esperienza di vita con Gesù; noi oggi possiamo coltivarla a partire dall'ascolto della Parola, dalla preghiera e da un costante allenamento alla lettura dei segni dei tempi, cogliendo i segnali dell'azione di Dio nella nostra realtà. Noi riceviamo lo Spirito Santo nel battesimo, che ci assimila a Cristo rendendoci sacerdoti, re e profeti. Si potrebbe dire che la franchezza è l'espressione del dono della profezia che riceviamo nel battesimo. Un dono che consiste nel parlare con coraggio.

Conflitto e trasparenza

Perché ci serve coraggio per parlare? Perché quando interveniamo nei nostri consigli e riunioni ecclesiali non dobbiamo aver paura di sollevare una discussione quando si vede che c'è un problema. La franchezza è, allora, il diritto-dovere di portare la propria insostituibile opinione per arricchire l'assemblea sinodale (cfr. *LG* 37), perché se non parla chi vede il problema le questioni resteranno irrisolte. È ciò che fanno i profeti: mostrano quando ci si allontana dall'alleanza con Dio, annunciano come tornare sulla strada della salvezza e manifestano la volontà del Padre nel presente e nel futuro, leggendo i segni dei tempi e confortando i fratelli. È ciò che fa Dio stesso, scrivendo per mezzo dell'apostolo Giovanni alla Chiesa che è a Laodicea: denuncia il suo essere tiepida e poi aggiunge:

«Io, tutti quelli che amo, li rimprovero e li educo» (*Ap* 3,19).

Così, noi non dobbiamo temere di essere scomodi nella nostra comunità, ma – proprio perché l'amiamo – non dobbiamo aver paura di affrontare insieme i problemi che possono sorgere, prima che generino polemiche sotto traccia, suscitando chiacchiere e mormorazione. Meglio esporre le questioni apertamente, ascoltando le posizioni diverse, facendo sì che il conflitto venga alla luce e non si sviluppi in conciliaboli e fazioni contrapposte, che parlano solo tra sé per rafforzarsi contro gli altri.

Il confronto trasparente può smuovere dalle posizioni prese e spingere a trovare punti d'incontro e di sintesi, e a discernere insieme ciò che è vero e giusto. L'episodio del Concilio di Gerusalemme (cfr. *At* 15,1-33) è un ottimo esempio di contrapposizione tra chiacchiera (persone che spargono false informazioni, che creano discordie), franchezza (le testimonianze di Paolo e Barnaba, il discorso di Pietro) e discernimento comunitario: si rifiuta di affidare tutto al mormorio ma, di fronte all'emergere di un problema, la Chiesa lo affronta pubblicamente in una riunione dove sorge una grande discussione, si parla apertamente e si ascolta, per prendere decisioni che trovino il consenso di tutti, e produrre un messaggio chiaro da diffondere (cfr. *Discernimento comunitario*).

Infine, coraggio serve ai laici anche per prendere la parola con linguaggi che magari suonano estranei ai nostri ambienti ecclesiali: sono quelli che vengono dal mondo contemporaneo, che descrivono realtà e aspetti emergenti che, talvolta, nella Chiesa si trascurano o si ignorano. La franchezza dei laici può stimolare la Chiesa a considerare queste realtà (pensiamo al web, alle questioni di genere e sessualità o al mondo dei giovani) e a imparare a entrare in relazione con esse (cfr. *Apostolicam Actuositatem* 10).

È bello pensare alla Chiesa che, oltre a prendersi cura di sé, lascia che la "medicina" possa venire anche dall'altro da sé, riconoscendo i segni dello Spirito presenti nel mondo.

Lo stile della franchezza nella comunità

La franchezza è un dono dello Spirito e una responsabilità. Nelle parole dell'evangelista Matteo (cfr. *Mt* 18,15-17) troviamo una sorta di metodo da seguire nel caso di una "colpa" commessa da un fratello o da una sorella: si esorta a parlare chiaro con la persona interessata e, se questa non ascolta, a coinvolgere in modo graduale la comunità. Lo stile di vita comunitaria proprio del cristianesimo chiede prioritariamente di "preparare il terreno" allo Spirito con la cura delle relazioni. È un lavoro mai finito e mai scontato, lo sappiamo bene nei nostri rapporti affettivi, familiari, lavorativi. Tra sorelle e fratelli che camminano insieme la franchezza è un elemento essenziale della "cura sinodale" per i suoi risvolti etici: abbiamo infatti responsabilità verso noi stessi (rispondere alla nostra vocazione, valorizzare i nostri talenti) e verso gli altri (amore reciproco, cfr. *Gv* 15,12).

La comunità riceve come un balsamo il comportamento e il discorso aperti. Infatti, quando le parole e i gesti sono chiari, le persone possono "prendere le misure". Dove c'è franchezza si riduce il rischio di fraintendimenti e ambiguità, addirittura la stima può crescere e le relazioni si fanno più significative. Il parlare aperto, però, non è scagliare parole come pietre, richiede invece sensibilità ed empatia, equilibrio tra le proprie esigenze e quelle altrui, comunicazione vera con l'altro/a. La franchezza rappresenta un bene comune se passa attraverso il crogiolo della relazione. Parlarsi con franchezza vuol dire considerarsi vicendevolmente alla pari, con uguale dignità, significa considerare l'altro/a meritevole della cura delle parole, della mimica, del tono della voce, dei tempi della comunicazione.

Ancora, in una comunità che dovrebbe fondarsi su rapporti fraterni e sororali (cfr. *Fraternità*), le persone hanno anche ruoli e ministeri e strutturano le relazioni in presenza di una gerarchia clericale. Nelle dinamiche ecclesiali, tra bellezze e fatiche, tra giustizia e uso scorretto del potere, il clericalismo, purtroppo, si fa sentire. E quanti guai può generare nelle comunità! Ricordiamo che papa Francesco ha scritto che il clericalismo è il terreno in cui si sviluppano gli abusi di vario tipo (cfr. *Lettera del Santo Padre Francesco al Popolo di Dio*, 20 agosto 2018).

Restando nel nostro tema, la franchezza è uno strumento alla portata di tutti per scardinare il cattivo uso e lo sbilanciamento del potere, il paternalismo, l'agire arbitrario. Usiamola! Non rinunciamo per "quieto vivere", per abitudine, per stanchezza e, soprattutto, non rinunciamo per convenienza!

Riconosciamo di commettere un peccato verso la comunità ogni volta che non interveniamo per moderare un comportamento autoritario e autoreferenziale o per contenere chi "occupa spazi e tempi". Iniziamo da piccoli cambiamenti, dal dire "non sono d'accordo", andiamo fino in fondo, argomentando le nostre posizioni; troviamo un bilanciamento tra gli estremi dell'autoritarismo e della remissività. Non temiamo le crisi, meglio un conflitto ben gestito che un silenzio appiattito sulle decisioni di un singolo, fosse anche chi presiede la comunità. Lasciamo che persone esperte ci aiutino: la psicologia e le scienze dell'educazione possono arricchire la nostra formazione. Così saremo più preparati a riconoscere e affrontare anche le questioni più delicate e complesse. Soprattutto infonderemo linfa vitale nella comunità.

Creatività e spinta alla missione

La franchezza inserita in una paziente "cura relazionale" e l'apporto originale e sincero di ogni fedele, unito al rispetto reciproco, sono i requisiti fondamentali per la creatività pastorale. La franchezza rigenera la comunità e la prepara per la missione (cfr. *Trasformazione missionaria*). Proviamo, ne vedremo i frutti, perché qui siamo al cuore della vita ecclesiale.

La missione è un impegno al quale non possiamo sottrarci. In *Evangelii Gaudium* troviamo l'invito a essere «audaci e creativi» nel ripensare obiettivi, strutture, stile e metodi di evangelizzazione, «senza divieti né paure» (*EG* 33). Si producono buoni frutti se ogni voce è ascoltata e la missione è plasmata dal cammino sinodale e dal discernimento fatto insieme.

Il mattino di Pasqua (cfr. *Gv* 20,18) Maria di Màgdala riconosce il Signore risorto, diventa la prima apostola, andando a dare l'annuncio. Cosa sarebbe accaduto se Maria si fosse trattenuta, se avesse avuto paura del giudizio degli altri discepoli e della gente, se fosse rimasta nel ruolo che le era consono?

Quali omissioni, quali silenzi bloccano i nostri annunci di risurrezione?

Per concludere, resta la domanda che ci siamo fatti all'inizio: la Chiesa è aperta e favorevole alla franchezza? Il rischio è che dobbiamo rispondere di "no" se, ancora il 6 ottobre 2014, aprendo il Sinodo straordinario sulla famiglia, il Papa si rammaricava del fatto che persino alcuni cardinali riuniti in concistoro non avessero avuto il coraggio di esporre apertamente le loro opinioni, ritenendo che egli la pensasse diversamente da loro; ma Francesco lo disse chiaramente: «Questo non va bene, questo non è *sinodalità*, perché bisogna dire tutto quello che nel Signore si sente di dover dire: senza rispetto umano, senza pavidità. E, al tempo stesso, si deve ascoltare con umiltà e accogliere con cuore aperto quello che dicono i fratelli. Con questi due atteggiamenti si esercita la *sinodalità*» (Saluto ai padri sinodali durante la I Congregazione generale della III Assemblea generale straordinaria del Sinodo dei vescovi).

Per continuare a riflettere

In questo capitolo sono presenti diverse domande, alcune retoriche altre non necessariamente. Si possono usare per interrogarsi (singolarmente o nei propri gruppi e comunità) per capire quanta franchezza ci sia nei nostri ambienti ecclesiali e per attivare un nuovo stile nelle nostre relazioni.

Per approfondire

- FRANCESCO, *Il dono dello Spirito Santo: la franchezza, il coraggio, la parresìa*, Omelia alla messa in Santa Marta, 18 aprile 2020, https://www.vatican.va/content/francesco/it/cotidie/2020/documents/papa-francesco-cotidie_20200418_la-franchezza-dellapredicazione.html.
- A. GRILLO, *La parresia (At 4,13) come condizione della tradizione ecclesiale*, Blog *Come se non*, 19 aprile 2020.
- M. MARIANI, *Con franchezza e verità. A proposito del Sinodo dei vescovi sulla famiglia*, in «Studia patavina» 62, n. 1 (gennaio-aprile 2015), pp. 11-14.

7
DISCERNIMENTO COMUNITARIO
Il popolo di Dio decide insieme

Chiara Zambon e Matteo De Matteis

Dopo l'esperienza spirituale del Sinodo "Chiesa dalle genti" abbiamo continuato a riflettere e ad ascoltarci per intuire l'immagine di Chiesa che presentiamo a questo tempo in questa terra e a chiedere allo Spirito di aiutarci in questo discernimento. Quei tratti di sempre che rendono bella la nostra Chiesa, ricevono conferma dal Signore che ci manda e continuano a invitarci a conversione per compiere la missione che ci è affidata. Cosa abbiamo visto? Abbiamo visto, nelle ristrettezze della pandemia, risorse nuove e creative nella nostra Chiesa Ambrosiana; abbiamo visto fedeli laici testimoni del Vangelo con il loro stile di vita; abbiamo visto la fatica di molti Consigli Pastorali Decanali e insieme la consapevolezza che è necessario ascoltare le diverse realtà del popolo di Dio; abbiamo visto la positività dei momenti formativi e fraterni del Clero, ma anche che è l'unica voce che interpreta la vita del popolo di Dio e prende le decisioni. Abbiamo visto il Consiglio Pastorale Diocesano e quello Presbiterale compiere un discernimento intenso, pur con toni diversi, e come esito proporre l'Assemblea Sinodale Decanale.

(CEM, *Immaginare il Gruppo Barnaba e l'Assemblea Sinodale Decanale, Note per accompagnare l'avvio del cammino nei Decanati*)

"Discernere" è vocabolo che deriva dal latino e significa letteralmente "scegliere separando", ovvero saper distinguere le opzioni possibili e assumerne una. Quando si parla di discernimento nella vita cristiana si intende "discernimento spirituale", cioè saper distinguere gli spiriti che parlano al cuore, per riconoscere quale di essi sia lo Spirito Santo e, così, poter seguire la sua voce: «Carissimi, non prestate fede ad ogni spirito, ma mettete alla prova gli spiriti, per saggiare se provengono veramente da Dio» (*1Gv* 4,1).

Il discernimento nella Chiesa

Quando la Chiesa si riunisce a vari livelli (parrocchiale, diocesano, universale) intende discernere comunitariamente, alla luce della Parola di Dio, ciò che lo Spirito chiede di fronte a determinate questioni concrete. Non a caso, questo tipo di assemblee ecclesiali vengono chiamate "sinodi": il discernimento comunitario, infatti, è l'opera d'arte della sinodalità, secondo l'espressione di Gualtiero Sigismondi, vescovo assistente nazionale dell'Azione Cattolica. La sinodalità, alla quale papa Francesco stimola molto, è proprio quell'insieme di stili, strutture e procedure che consentirebbero di operare un discernimento comunitario più certo di «ciò che lo Spirito dice alle Chiese» (*Ap* 2,7).

Tali eventi assembleari non si ispirano all'esempio dei parlamenti, ma mantengono alcune peculiarità significative: un presidente (prete o vescovo) è incaricato di prendere una decisione ultima, ma non si procede "a colpi di maggioranza", cercando invece il maggior consenso possibile; inoltre, i membri non sono rappresentanti di una "fazione", bensì «pietre vive» del corpo di Cristo, riuniti per capire cosa il Signore chiede e per trovare il modo di compierlo. I cristiani sono, dunque, chiamati a scrutare insieme la realtà e a discernere la voce dello Spirito, condividendo le proprie intuizioni e ascoltando quelle degli altri (cfr. *Ascolto*).

Perché quest'arte del discernimento non la si lascia praticare ai vescovi e a tutti coloro che ne sono esperti? Certamente, le competenze sono importanti e vescovi e presbiteri hanno il compito istituzionale di garantire che il discernimento sia coerente con il Vangelo. Ma è necessario che tutti i battezzati siano ascoltati (è l'obiettivo della sinodalità) perché a tutti lo Spirito parla: se si vuole capire che cosa egli ci chiede, occorre il più largo ascolto possibile.

Detto in termini teologici: ogni battezzato è dotato di un *sensus fidei*, un istinto della fede che lo rende capace di intuire ciò che viene da Dio ed è secondo il suo cuore. Per questo motivo, chi nella Chiesa ha un ruolo di responsabilità non la può esercitare in maniera solitaria, bensì deve intenderla come il servizio di presiedere e accompagnare il discernimento comunitario dello Spirito che parla in ogni cuore.

I luoghi concreti del discernimento comunitario

Sono necessarie delle riforme nei processi decisionali ecclesiali, per favorire l'abitudine a discernimenti comunitari ed evitare gli individualismi e le autoreferenzialità da parte di chi ha ruoli di responsabilità; altrimenti la sinodalità è affidata solo alla buona volontà di alcuni, con il rischio di assistere all'alternanza di persone con stile sinodale a persone con indole più individualista.

La struttura di potere piramidale nella Chiesa è un fardello pesante, giustificabile in passato, ma ormai inadeguata alla dignità battesimale affermata dal Concilio Vaticano II: introdurre dinamiche più collegiali di esercizio del potere nella Chiesa potrebbe aiutare a passare dall'abitudine di operare un discernimento individuale a prassi di reale discernimento comunitario. Fatto salvo che l'obiettivo sia sempre l'ascolto dello Spirito e che si cerchi il più largo consenso possibile, come già accade nei sinodi e nei concili, magari fissando regole per raggiungere maggioranze significative in caso di votazioni.

Anche l'Azione Cattolica usa questo metodo da decenni e ne può testimoniare la fecondità in ordine al discernimento comunitario e alla sinodalità che, non a caso, sono più frequenti in associazione che in parrocchia.

A questo proposito, proprio la modalità di intendere la Chiesa nel Concilio Vaticano II ha portato all'istituzione dei consigli pastorali, veri e propri organismi in cui operare un discernimento comunitario. Le regole di funzionamento previste nei loro *Direttori*, però, sono state non di rado disattese a favore di un dirigismo da parte di alcuni parroci, incapace di valorizzare il *sensus fidei* dei laici. A loro volta, i fedeli laici non sempre sono stati consapevoli del loro importante ruolo derivato dal *sensu fidei*, o non sempre sono stati capaci di esprimerlo adeguatamente. La conseguenza è che, generalmente, si ritiene che i consigli pastorali siano esperienze logoranti e poco utili, faticando quindi a trovare persone disponibili; spesso lo si vive come "un favore" fatto al parroco, più che come un bel modo di impiegare il proprio tempo a servizio della comunità.

Come «il Consiglio pastorale diocesano si propone come la struttura permanente più propizia all'attuazione della sinodalità nella Chiesa particolare» (*Commissione Teologica Internazionale*), allo stesso modo si può dire dei consigli parrocchiali dentro le nostre comunità: per questo motivo andrebbero rilanciati, come ha chiesto il Papa, e vissuti secondo il loro spirito genuino, osservando le indicazioni contenute nei loro *Direttori*.

Di recente istituzione nella diocesi di Milano sono le Assemblee Sinodali Decanali, che hanno anche l'obiettivo di coinvolgere nel discernimento un maggior numero di credenti rispetto a quanto siano riusciti a fare i consigli pastorali decanali, attraverso un ascolto il più ampio possibile, soprattutto negli ambiti di vita laicale al di fuori degli ambienti ecclesiali (cfr. *Partecipazione*).

L'esperienza dei laici nel discernimento comunitario

Ci sono realtà ecclesiali, come l'Azione Cattolica, la Fuci e l'Agesci, che scelgono di attribuire alcune responsabilità a due persone, un uomo e una donna, tentando in questo modo, da una parte, di allenarsi alla corresponsabilità, sul modello dei discepoli di Gesù inviati «a due a due» (*Lc* 10,1), dall'altra di arricchirsi della complementarietà di personalità diverse, anche dal punto di vista del genere.

La co-gestione delle responsabilità è una realtà già sperimentata in ogni coppia di sposi. Come nelle famiglie, così anche nelle comunità è il legame di amore, di stima e fiducia che sostiene e genera prassi di sinodalità. Ecco allora che la dinamica familiare può dare, anche in questo ambito, un significativo contributo alla riforma della Chiesa, nella misura in cui si saprà testimoniare quanto sia più arricchente ed evangelico affrontare le situazioni nello stile della corresponsabilità, piuttosto che individualmente.

L'arte della sinodalità non si improvvisa, ma ha bisogno di addestramento. Frequentarsi e fraternizzare oltre i luoghi istituzionali aiuta a maturare quella familiarità che poi è particolarmente necessaria nei momenti assembleari ufficiali (Cfr. *Fraternità*). Anche su questo punto, chi vive in famiglia e chi vive in comunità può fare tesoro della propria esperienza per riformare le dinamiche parrocchiali, che talvolta soffrono di frammentazione e separazione in compartimenti stagni.

Certo, è indispensabile che ciascuno si predisponga spiritualmente per sostenere un vero dialogo di discernimento. L'esercizio della preghiera allena a decentrarsi e aiuta a pacificare e ricomporre le varie spinte pericolose che agitano l'interiorità: dal desiderio di contare di più, di affermare se stessi, al sentirsi superiori, supponendo di sapere già abbastanza; dalla tendenza a imporre i propri schemi culturali ed ecclesiali all'ansia di voler fare tutto... Sono aspetti del "combattimento spirituale" che ognuno deve sostenere per essere sempre più evangelicamente al servizio della comunità e dei suoi luoghi di decisione.

Gli elementi finora esposti – discernimento della voce dello Spirito, compiuto in forma comunitaria, in ascolto del *sensus fidei*, al fine di prendere una decisione in modo sinodale, con la conseguenza di operare una riforma dell'agire ecclesiale, vigilando sulle proprie disposizioni spirituali – sono gli stessi che hanno caratterizzato il Concilio di Gerusalemme così come raccontato nel capitolo 15 degli *Atti degli Apostoli*, e sembrano condizioni metodologiche necessarie per una comunità che vuole lasciarsi guidare dalla vivacità dello Spirito.

Per continuare a riflettere

Quali processi di cambiamento possiamo immaginare per rendere le nostre assemblee ecclesiali veri luoghi di discernimento comunitario?

Siamo spiritualmente e personalmente allenati a coinvolgere anche altri nella maturazione di una decisione (sia in ambito ecclesiale, sia sul lavoro o in famiglia)?

Per approfondire

– Commissione teologica internazionale, *La sinodalità nella vita e nella missione della Chiesa*, cit.
– G. Sigismondi, *Discernimento pastorale: esercizio alto di sinodalità* in Aa.Vv. *La sinodalità nella Chiesa*, Centro Ambrosiano, Milano 2018.

8
CORRESPONSABILITÀ
Coinvolti in una sfida seria e decisiva

Ottavio Pirovano

"Corresponsabilità" potrebbe essere una parola pericolosa, perché nella sua etimologia porta quel senso di condivisione di qualcosa a cui gli uomini e le donne non sempre, o quasi mai, sono immediatamente disponibili; se, poi, si tratta di condividere una responsabilità le criticità aumentano, perché si tratterebbe di condividere "un potere" su qualcosa o qualcuno. Diciamo che è una parola che va maneggiata con cura e attenzione, che ha bisogno di una "attuazione controllata", con tanti bilanciamenti. Fare appello, in una comunità cristiana, alla corresponsabilità e poi, a fronte di una disponibilità, non riuscire a governare il processo, genera frustrazione, abbandoni, luoghi comuni su chi presiede la comunità, insomma, genera una contro-testimonianza. Anche perché sembra che, leggendo il Vangelo e tutto il Nuovo Testamento, non se ne possa fare a meno: ne va della missione della Chiesa!

Diventare corresponsabili, direbbero gli antropologi, è un compito; non è mai dato una volta per tutte, è sempre frutto di confronto, riscrittura del processo, riadattamento a ogni nuova presenza; non è una parola astratta, ha bisogno di essere vista e vissuta; è però ciò che genera uno stile, una cultura nuova, ovvero un nuovo modo di guardare e stare nel mondo, riposizionandosi di volta in volta a seconda dei cambiamenti della società.

Proviamo a vedere alcune caratteristiche della corresponsabilità e su cosa si fonda, mostrando in controluce le derive che si generano da una sua mancata attuazione e che abbiamo chiamato "subalternità, sudditanza, delega".

Corresponsabili perché abbiamo ricevuto il medesimo Spirito

Questa affermazione può essere declinata sottolineando le varie riflessioni di san Paolo sui differenti carismi e ministeri, dove il fondamento è l'unità e la dignità derivante dal medesimo Spirito (cfr. *1Cor* 12–14). Quindi, la corresponsabilità vissuta e praticata non è una scelta della comunità in prima battuta, semmai è il riconoscimento del primato dello Spirito che edifica la Chiesa, non facendole mancare i doni necessari per la missione. È un riconoscimento che permette anche di rasserenare il compito, altrimenti impossibile, di portare il Vangelo a ogni uomo: tutti siamo corresponsabili, nessuno ha questo compito in esclusiva, semmai qualcuno ha il compito di richiamare tutti alla missione. È altrettanto evidente che la missione non può essere controllata e codificata con gesti e parole da ripetere a prescindere dal contesto, dall'evangelizzatore e dall'uditore: lo Spirito permetterà di discernere ciò che in quel contesto e con quella persona è evangelico compiere (cfr. *Trasformazione missionaria*).

Corresponsabili perché destinatari di fiducia e riconoscimento

È una delle conseguenze di quanto si è appena detto: ci deve essere fiducia in persone solide nella fede e nella loro capacità di avere uno stile cristiano e quindi di discernimento su ciò che qui e ora va detto (cfr. *Discernimento comunitario*). Nessuno possiede la ricetta dell'evangelizzazione, ognuno ha limiti, difetti ma anche doni particolari: un cristiano maturo nella fede, sia esso giovane o adulto, è capace, perché accompagnato dallo Spirito, di leggere la storia e di individuare parole e gesti di evangelizzazione. È molto probabile che una delle situazioni di criticità dell'attuale contesto ecclesiale sia la mancanza di fiducia nella figura dell'adulto come attore autorizzato alla missione. L'evangelizzazione della Chiesa delle origini è compiuta da un numero enorme di adulti, riconosciuti come figure autorevoli e capaci di raccontare il Vangelo, ovvero testimoniare la relazione che ha cambiato la vita.

Basterebbe fare l'elenco delle persone che Paolo saluta nelle sue lettere per scoprire che la sua stessa opera di annuncio non è mai stata un'azione solitaria, fin dall'inizio le comunità sono luoghi di condivisione della fede tra adulti a cui Paolo, Pietro, Giovanni danno il compito di proseguire l'evangelizzazione; e la preoccupazione più importante è che il Vangelo corra, non che la comunità si strutturi in ruoli codificati una volta per tutte, lasciando anche ampia libertà nel costituirsi in modo autonomo, come lo Spirito suggeriva.

Corresponsabili della missione ovunque e non in "luoghi protetti"

Se la missione è l'annuncio del Vangelo in un contesto ben determinato e l'obiettivo è che la persona cambi stile di vita, perché ha incontrato un annuncio liberante e di salvezza, sembra decisivo che l'annuncio tocchi tutte le dimensioni della persona e quindi sia un annuncio profondamente incarnato nella vicenda personale.

È "quasi" matematico affermare che la missione più ha attori protagonisti, maggiori sono le chance di raggiungere tanti, tutti: se è chiaro lo stile evangelico e se si riconosce che l'estrema vicinanza alla vita concreta delle persone è elemento imprescindibile, logica conseguenza è che la missione abbia una capacità attrattiva se viene svolta da persone realmente corresponsabili. È più credibile una Chiesa che si affida a evangelizzatori giovani e adulti, capaci di rendere ragione della propria fede, i quali sanno riconoscere nella loro vita l'azione della misericordia del Padre, piuttosto che una Chiesa che "addestra" alcune persone affinché ripetano alcuni concetti, sappiano portare in luoghi "propri" le persone, dove possono incontrare le uniche figure autorevoli, che fanno accedere alla comunità cristiana: immediatamente appare come un luogo elitario, selettivo, aperto a pochi, che consegna a un'autorità che non intende far diventare adulto.

La corresponsabilità è la conseguenza dello stile dell'evangelizzazione e della possibilità per tutti, in ogni situazione della vita, di accedere a una relazione buona con il Padre: per questo servono credenti che continuamente sappiano ritradurre il Vangelo in ogni determinata situazione.

Solitamente una questione che blocca la corresponsabilità – questione a volte obiettiva, a volte evocata solo come scusa – è la necessità di formare i laici, aspetto senza il quale risulta dubbio l'affidamento di responsabilità specifiche. Bisogna intendersi su cosa significhi formazione e su quali temi: conoscere tutta la dottrina cattolica? Sapere rispondere a ogni situazione della vita con chiarezza e senza dubbi? Oppure la formazione significa anzitutto ascolto profondo della vita e del Vangelo (cfr. *Ascolto*), conoscere alcuni elementi di discernimento della realtà, imparare a farsi le domande vere? Significa formarsi a uno stile di accoglienza, che sa distinguere il male da chi lo commette? Se per formazione si intende sapere incarnare il Vangelo, allora essa sarà compito del cristiano maturo, sempre, in qualunque stato di vita e a qualunque età.

Corresponsabili perché riconosciuti competenti

Oggi si parla molto di "competenze": è un termine che deriva da una parcellizzazione del mondo del lavoro che ha richiesto lo sviluppo, negli svariati ambiti professionali, di competenze di base, trasversali, e di competenze specifiche, riservate ad ambiti sempre più originali. Il dato di realtà è la società complessa e anche per la Chiesa, se vuole essere credibile e se vuole comunque vivere nel mondo, si tratta di assumere la complessità come luogo dell'evangelizzazione.

Ci sono stati momenti nella storia (la vicenda del monachesimo benedettino è emblematica) in cui la presenza della Chiesa ha addirittura determinato l'ossatura alla società, mettendo in campo competenze spirituali, tecnologiche, economiche, commerciali che hanno dato vita all'Europa medievale. Attorno al monastero c'era il villaggio, i villaggi ricchi di artigiani erano collegati da commercianti, i commercianti erano accompagnati da economisti... religiosi, laici, uomini e donne hanno dato vita a un'evangelizzazione profondamente incarnata, che ha saputo cambiare il paesaggio di tutta l'Europa.

Oggi c'è altrettanto bisogno di competenze differenti e molteplici per affrontare la sfida dell'evangelizzazione in un mondo in fortissima trasformazione.

Ciò significa una valorizzazione delle doti originali di ciascuno e dei doni suscitati dallo Spirito per la ricchezza del singolo e per l'edificazione della comunità.

Corresponsabili perché la missione è complessa ed è rivolta a una moltitudine

Potremmo rileggere le parole di Gesù: «La messe è abbondante, ma sono pochi gli operai! Pregate il signore della messe che mandi operai nella sua messe» (*Lc* 10,2). Dove cade l'accento? Forse è una frase che è stata letta dal punto di vista della chiamata, e della chiamata a una speciale consacrazione, quindi l'attenzione è caduta sul numero esiguo degli operai. Ma, con uno sguardo più attento, si potrebbe anche mettere l'accento sulla messe, che è molta: davvero riusciamo a vederla? Si parla di "messe", ovvero di una coltivazione abbondante e ben visibile, non di un ipotetico frutto ancora nascosto. Tradotto: crediamo davvero di avere davanti uomini e donne desiderosi, pronti ad ascoltare la buona notizia, che sarebbe il compito affidato agli operai? O, addirittura, crediamo che nel mondo ci sia davvero tanto bene che il compito dell'evangelizzatore è quello di renderlo più evidente e di dargli un nome, quello di "amore"?

Essere corresponsabili di una tale missione è anzitutto un dono che genera gioia e che sa infondere speranza: anche in questo caso, incontrare una comunità adulta consapevole dei doni ricevuti e che, per questo, aiuta a "dire bene" (benedire...) la realtà in cui vive, è un segno di speranza per ogni persona. La missione è complessa perché il male tende maggiormente a far notizia, tende a oscurare, a generare sensi di colpa; se poi lo sguardo si allarga al mondo intero, la tentazione dello sconforto, della disperazione è dietro l'angolo. È dunque fondamentale la corresponsabilità nel ricercare il bene, è il modo per sostenersi a vicenda, è quindi segno di condivisione di ogni condizione umana e luogo di apertura, nonostante tutto, all'esperienza di salvezza.

Per continuare a riflettere

La parola corresponsabilità è stata declinata e interpretata da molti, preti e laici, per molto tempo, come sinonimo di collaborazione. "Lavorare con" non sempre coincide con "responsabili con". Si può lavorare molto ma non essere resi partecipi dei livelli decisionali o delle ragioni di un progetto.

Ci sono, nel nostro contesto comunitario, dinamiche di vera corresponsabilità ecclesiale?

Quanto invece prevale un modello più ristretto, accentrato, in cui i laici sono intesi solo come "esecutori"?

Quali passi intraprendere per vivere una reale corresponsabilità nella comunità cristiana?

Per approfondire

– C. Theobald, *Urgenze pastorali*, EDB, Bologna 2019.
– Concilio Vaticano II, Costituzione dogmatica su «La Chiesa» *Lumen Gentium*.
– M. Aime, *Comunità*, Il Mulino, Bologna 2019.

9
TRASFORMAZIONE MISSIONARIA
I frutti di una sinodalità vissuta

Antonella Marinoni – Luca Moscatelli –
Ottavio Pirovano (Équipe Decapoli)

Tre premesse ovvie, ma non del tutto

In prima battuta, sembra utile ricordare tre punti, che dovrebbero risultare acquisiti, almeno in linea teorica e di principio (la pratica, si sa, è un'altra cosa...).

Innanzitutto, il Concilio Vaticano II, in *Ad Gentes*, definisce la Chiesa «per sua natura missionaria» (AG 2). Se non è missionaria non è la Chiesa; se è Chiesa, è di necessità *missionaria*, cioè inviata alle genti (al mondo) per annunciare il Vangelo (salvezza) (cfr. AG 1). Questo è il senso della sua pro-esistenza. Un'equazione non può, dunque, essere più messa in dubbio: Chiesa = missione = evangelizzazione. La Chiesa è la sua missione, e questa consiste nel servizio/dono dell'annuncio del Vangelo a tutti.

In secondo luogo, l'*evangelizzazione* si può fare in molti modi. Quelli classici sono i seguenti: "raccontando" il Vangelo di Gesù/che è Gesù; "dialogando" con tutti su ciò che abbiamo come impegno per il bene comune; "testimoniando" il desiderio e la possibilità di una vita diversa (di fratellanza/sorellanza come realizzazione di una iniziale "pace" messianica), punteggiata da gesti di cura/liberazione dal male.

A rendere possibile tutto ciò è lo Spirito Santo, del quale la Chiesa non ha né il monopolio ("ce l'hanno i credenti praticanti e lo danno a chi decidono loro") né l'esclusiva ("ce l'hanno solo i credenti praticanti e quelli che si aggregano alla sequela"). La testimonianza, dunque, è testimonianza allo Spirito divino, effuso ovunque e del quale sono testimoni molti, dentro e fuori la Chiesa. Il primo a essere (ri)evangelizzato è il soggetto che evangelizza, ovvero la Chiesa, proprio perché vede l'opera di Dio nella storia. Perciò la missione/evangelizzazione è, prima di tutto, generativa, soprattutto per il credente.

Infine, la *storia* – la grande storia collettiva e, insieme, le piccole storie personali – è il luogo del vivere e del pensare. È condizionamento ma anche, inscindibilmente, condizione. Essa costituisce il necessario contesto di ogni prassi e di tutte le teorie.

Ricostruire sempre il contesto è indispensabile, per quanto possa apparire inquietante. Esso, infatti, sottrae ogni volta la "dottrina" a una sua sempre presunta atemporalità e immobilità: è una condizione di onestà intellettuale e di incarnazione; in una parola, di realismo.

Proprio dalla storia si coglie come la "missionarietà" sia stata, in altri tempi, maschera di colonialismo o proselitismo. Nell'oggi, il termine "missionarietà" è stato requisito da logiche mondane che lo usano per indicare la visione e la strategia aziendali, la "mission" appunto. In ogni tempo ci sono ambiguità che chiedono la pazienza del discernimento storico e culturale per cogliere il senso autenticamente cristiano della missione (cfr. *Ascolto*).

Quattro priorità da perseguire

Proprio a partire da una determinata interpretazione del contesto sociale, culturale, economico, politico europeo, quattro punti sono riconosciuti da molti come qualificanti e prioritari ma non praticati come tali ai fini di una trasformazione missionaria della Chiesa e perciò sono punti di riforme necessarie. Tra di loro essi costituiscono una circolarità, non una gerarchia di valore.

Lo stile. Nelle istruzioni indicate da Gesù per la missione dei discepoli (cfr. *Mc* 6,6b-13) e nel racconto della prima missione fuori da Gerusalemme (cfr. *At* 8,1b-4; 11,19-26) quello che appare in primo piano è che i missionari e le missionarie, prima di tutto, vivono la necessaria esperienza di essere ospitati. I primi, i discepoli inviati da Gesù, perché vanno per città e villaggi chiedendo ospitalità; i secondi, i cristiani della diaspora, perché fuggono e arrivano da forestieri impoveriti. Ben prima di poter dire che Dio Padre ospita tutti e tutti sono fratelli/sorelle, i missionari vengono ospitati e ricevono in dono la cura.

Così, essi possono essere testimoni, da un lato, che Dio, Signore e re dell'universo, non arriva da padrone, mai, in nessun luogo. Egli stesso chiede ospitalità nella nostra storia e nelle nostre cose (cfr. *Ap* 3,20). Dio è fuori, viene da fuori, ci chiama fuori (cfr. *Mc* 3: chi è "dentro" e chi è "fuori"?).

Dall'altro lato, appare loro del tutto evidente che la "gente" non è cattiva, è sempre già capace di ospitalità, di apertura, di compassione...

Questa "gente" non coincide sempre con la comunità religiosa, che invece paradossalmente, fin dai tempi di Gesù, gli ha spesso opposto resistenza. Non è un caso che la sua missione abbia dovuto dedicare più tempo ed energie a cercare di propiziare la conversione dei "religiosi" piuttosto che quella dei peccatori e dei "pagani".

Apprendimento e trasformazione. Dopo decenni, secoli in realtà, di opposizione alla modernità è arrivato il momento di riconoscere che molte cose, e molto importanti, che la modernità voleva insegnare non sono state imparate. Perché? Perché gli uomini non si sono più lasciati istruire dalla Chiesa sulla verità e perché i credenti hanno dimenticato il loro nome di "discepoli" che significa: "coloro che sempre imparano". Chiusi nel loro "sistema", i credenti non si sono più aperti al nuovo e non ne hanno compreso le molte sintonie col Vangelo.

L'idea per i cristiani è stata troppo a lungo più importante della realtà (cfr. *Evangelii Gaudium*

217-237). La modernità, per esempio, insegnava la democrazia e il suo presupposto indispensabile: i diritti umani. I credenti si sono opposti, a tratti con parole durissime, fino a ieri. Le scienze umane e sociali suggerivano una sapienza antropologica che la comunità cristiana aveva smarrito o mai avuto, ma ancora oggi qualcuno ne rifiuta le evidenze, in nome di una presunta "natura". L'emancipazione femminile chiedeva già dagli inizi del '900 riconoscimenti e spazi partecipativi (nella politica, nel lavoro, eccetera): ci si opporrà fino a domani? Insomma: la Chiesa ha molto da imparare e di grande valore. Facile notare che quasi tutto viene da fuori, sta fuori. Missione è questa apertura, apprendimento, trasformazione.

L'essenziale. Dovendo anche raccontare il Vangelo di Gesù/che è Gesù a chi non lo conosce più, bisogna saper fare sintesi, cioè capire cosa è importante/irrinunciabile, e cosa lo è di meno, o per niente... È quella che papa Francesco (con Tommaso d'Aquino) chiama la «gerarchia delle verità». Una rubrica liturgica non ha lo stesso valore dell'incarnazione del Figlio di Dio. La questione dell'identità di genere – semmai sia una "questione" – non può essere avvertita come più importante della fraternità. Al centro, quale cuore pulsante e motore dell'apertura missionaria – della vita cristiana – Matteo pone la compassione (cfr. *Mt* 9,35-38) e per Francesco (ma già per Teresa di Lisieux, dottore della Chiesa) la misericordia è il centro del Vangelo e l'architrave della Chiesa.

La gratuità. Con questo punto si chiude il cerchio, tornando in qualche modo allo stile. È stata la caratteristica forse più irritante di Gesù: donare sempre, gratis, a tutti, senza pensare al suo (o dei "suoi") tornaconto... Matteo (cfr. 10,7-10) lo dice senza possibilità di equivoco, e lo dice per i discepoli di oggi, ma anche per Gesù stesso: «Gratuitamente avete ricevuto, gratuitamente date». Uno dei punti dove questo si vede di più è stato quello della cura per la "fede di chiunque", come dice il teologo Theobald, eco di quanto già espresso dal teologo Sequeri con l'espressione «fede che salva», fiducia necessaria per vivere e che viene restituita esercitando la cura senza chiedere ai "miracolati" di entrare a far parte della comunità dei discepoli missionari.

Si vede anche, come controprova, nella chiamata dei/delle discepoli/e («fede ecclesiale o testimoniale» in Sequeri; «fede cristologica o cristiana» in Theobald), dove l'appello a seguire Gesù non è condizionato da un miracolo (semmai da un perdono).

In ogni caso, la molla che fa rinascere tutti, e che spinge qualcuno a seguire il Maestro, è la gratitudine (che se non è gratuita si snatura in ricatto) e la gioia per il dono ricevuto. Il servizio chiesto alla fede dei discepoli è quello di aiutare tutti a non smarrire, o a ritrovare, gratis, la fiducia nella vita; come gratis abbiamo ricevuto la vita stessa.

Per continuare a riflettere

Le nascenti Assemblee Sinodali Decanali nella diocesi di Milano (cfr. M. Delpini, *Unita Libera Lieta. La grazia e la responsabilità di essere Chiesa*, Centro Ambrosiano 2021, pp. 105-109) hanno come intento quello di riuscire a porsi in ascolto di ciò che "sta fuori" dallo stretto circuito parrocchiale/ecclesiale per cogliere segni di misericordia, carità, promozione di tutte le persone presenti nelle pieghe della società, dei territori, degli ambienti di vita. Quali sono le caratteristiche di chi potrebbe farne parte?

Quali antenne sono necessarie a questo nuovo organismo perché favorisca la trasformazione missionaria della Chiesa?

Per approfondire

– C. Theobald, *Urgenze pastorali*, cit.
– Concilio Vaticano II, Decreto su «L'attività missionaria della Chiesa», *Ad Gentes*.
– Francesco, *Esortazione apostolica Evangelii Gaudium*, Àncora, Milano 2013, in particolare capitolo I.

10
IL VOLTO DEL CRISTIANO
Per uno stile di presenza

Gaia De Vecchi

Al termine di questo percorso, proponiamo due esercizi per la riflessione personale e la discussione in gruppo, al fine di mettere ancora più in rilievo la sinodalità (*syn-odos*) nel volto del cristiano.

Centrale a questo proposito è lo stile di cammino, più che i contenuti, grazie al quale può attuarsi il "trinomio" di Vangelo – fraternità – mondo, che disegna l'orizzonte del processo sinodale. Uno stile che è, secondo le parole del cardinale Bassetti,

> uno stile di presenza nella storia che sia credibile e affidabile, perché attento ai complessi cambiamenti in atto e desideroso di dire la verità del Vangelo nelle mutate condizioni di vita degli uomini e delle donne del nostro tempo.

Esercizio primo: il cristiano e il "*syn*"

Il primo "*syn*" (con – insieme) del cristiano è indubbiamente quello con lo Spirito. Non dobbiamo dimenticarlo. Il cristiano è colui che si lascia abitare e accompagnare dallo Spirito nel suo quotidiano.

Riprendendo il classico elenco dei doni dello Spirito, invitiamo ad abbinarli alle parole presentate nei capitoli precedenti, per praticare un esercizio che sappia rendere viva e feconda la nostra tradizione. È chiaramente un esercizio che «apre processi e non occupa spazi» (cfr. *EG* 223).

Sapienza. È il doppio passaggio da *sapère* (intelligenza, conoscenza) e saper fare (esperienza pratica) a *sàpere*, saper essere, dare gusto alla vita, trovarne il senso. Richiede di curare l'interiorità, di soffermarsi, di andare in profondità, di cogliere i particolari, il "piccolo". Per essere sapienti non basta essere bravi a scuola e neanche conoscere la Bibbia a memoria. Ecco allora l'abbinamento si pone con la parola *ascolto.*

Intelletto. Il termine intelletto viene dal latino *intus-legere* che significa "leggere dentro". Questo dono ci spinge a non fermarci alla superficie, ma a "entrare all'interno" delle cose stesse ed esserne competenti. L'intelletto è il dono della profondità contro la superficialità. Ecco allora il suo collegamento con la parola *corresponsabilità*.

Consiglio. Nella Bibbia, il consiglio indica il progetto di Dio su ogni persona. Questo dono agisce in noi in due direzioni: ci fa diventare "consiglieri" e consapevoli di avere bisogno di "consigli"; ci rende capaci di dare suggerimenti, non solo semplici e umani, ma in chiave e alla luce della fede. La vita impone delle scelte, è un susseguirsi di scelte. Lo "Spirito di consiglio" è l'aiuto degli Aiuti per compiere una scelta in comunione con Dio. Ecco allora il rimando alla parola *discernimento*.

Fortezza. Quando sentiamo parlare di fortezza non dobbiamo pensare alla forza (fisica, verbale...): sono due cose molto diverse. Con fortezza intendiamo la capacità di affrontare con perseveranza le difficoltà di ogni giorno; è crescere nella volontà di vivere costruendo un mondo con lealtà, bontà, generosità, pazienza, giustizia e pace, senza violenza e senza alzare la voce. Scrive così san Paolo alle prime comunità cristiane di Corinto: «Quando sono debole, è allora che sono forte» (*2Cor* 12,10). Per un'autentica *trasformazione missionaria* è necessaria tanta fortezza.

Scienza. La scienza (come è intesa dal mondo) è conoscenza della realtà attraverso l'osservazione e l'esperienza di cause, leggi ed effetti. Estremizzando, diventa reale solo ciò che è dimostrabile. La scienza come dono dello Spirito ci dà la capacità di vedere le cose come le vede Dio. È il passaggio dalla sola logica del misurabile e della causa-effetto alla logica del non calcolabile e dell'amore. Questo passaggio è reso possibile con il dono battesimale della profezia, che regala a ciascuno il *sensus fidei* e la piena *partecipazione* al *popolo di Dio*.

Pietà. Il termine pietà deriva dal latino *pietas* e potremmo intenderlo come la "devozione dei figli verso il padre". Il dono della pietà non compare nel testo ebraico (lo troviamo nella traduzione greca del I sec. a.C.) e si ricollega alla misericordia. Nella Bibbia, la pietà si manifesta nella fiducia verso Dio

Padre, ma anche nell'attenzione verso i poveri. Ci apre a Dio, agli altri e a noi stessi. Nell'abbandono alla sua volontà, ci spinge a fidarci di lui ciecamente, proprio come un bambino tra le braccia della madre o del padre. La pietà significa anche attenzione misericordiosa verso tutti, non per opportunismo o demagogia ma sempre nella ricerca della verità con carità. La parola da riprendere in questo caso è *franchezza*.

Timor di Dio. Il timore di Dio non è la paura di Dio. È il sentimento di attenzione e rispetto verso il Signore, derivante da stupore e ammirazione. Lo stupore, la meraviglia sono i sentimenti che si provano di fronte a qualcosa di grande, ma la cui grandezza non ci schiaccia né ci opprime, abbracciati da un "qualcosa" di più grande di noi. Dio, appunto! Lo Spirito Santo, che – essendo Dio è amore – a sua volta, suscita nel credente l'amore di Dio, per Dio, con la logica dell'innamoramento che si dilata e si esprime nella logica della *comunione* e della *fraternità*.

Dunque, è questo un esercizio vocazionale in senso pieno che delinea uno stile sinodale generato dall'azione dello Spirito in ciascuno.

Esercizio secondo: il volto e l'"*odós*"

«Il Verbo si fece carne e venne ad abitare in mezzo a noi» (*Gv* 1,14). Il Figlio assume un volto e cammina con noi per aiutarci – tra l'altro – a smascherare le false immagini di Dio che abitano nei nostri cuori e nelle nostre comunità. Anche il nostro tempo è segnato da "idolatrie".

Gli idoli, in quanto privi di sensi, *in-sensibili*, sono *in-sensati*. *In-sensibile* «come loro è chi li fabbrica e chiunque in essi confida» (*Sal* 115,8). Al contrario, i Vangeli sottolineano con forza quanto Gesù abbia vissuto pienamente il suo corpo e i suoi sensi, perfino contravvenendo alla legge mosaica. Egli è colui che si lega al mondo e si lascia descrivere dalla rischiosa reciprocità di questo legame.

Proviamo allora a prendere sul serio questo nostro corpo, questi nostri sensi, questo nostro tempo: l'incarnazione *tout-court* intesa come via (*odós*) di Dio all'uomo.

Il tatto. La pelle è una frontiera del corpo e una sua soglia. Il tatto ci trasmette ciò che sta sulla pelle ma anche tutto quello che accade interiormente. Il tocco è un produttore e un decodificatore di linguaggi che avvicinano o respingono, accarezzano o maltrattano. Riscoprire il tatto significa anche riscoprire il bisogno di essere toccati dall'amore del prossimo e dall'amore misericordioso di Dio. Può essere il tatto antidoto all'idolatria dell'esasperato individualismo?

Il gusto. C'è un legame essenziale che intreccia sapere e sapore, riconoscibile nella stessa etimologia. Il sapore è una forma di intimità, implica un contatto profondo, una relazione totale, un tempo lento. In questo nostro tempo, segnato dal *fast* in ogni campo, può essere il gusto antidoto contro l'idolatria della superficialità, della produttività sfrenata, dell'attivismo vuoto? Contro l'esclusione di un riferimento a Dio nel cammino quotidiano e nei grandi momenti esistenziali?

L'olfatto. È il senso più legato alla memoria. Ogni istante, ogni stagione, ogni persona ha il suo odore; il profumo diventa narrazione, storia, ricordo, nostalgia e guida la nostra ricerca dell'altro e di Dio. Può l'olfatto diventare antidoto contro l'idolatria del presente a ogni costo, svuotato di memoria e memoriale? Può diventare antidoto contro la tendenza ad accumulare esperienze senza il tempo di riflessione e di deposito nella comprensione di noi stessi e di Dio? Contro la rassegnazione a finire nel nulla?

L'udito. Non si tratta solo di ascoltare con le orecchie, ma anche con il cuore. L'ascolto è apertura e disponibilità ad accogliere e lasciarsi trasformare. È lo spazio della conversione. Può l'udito essere antidoto contro l'idolatria dell'autosufficienza? O contro l'idea di una Chiesa antipatica, incapace di essere «sale della terra» (*Mt* 5,13), di dire ed essere "parola di senso"?

La vista. Il modo in cui vediamo (meglio: guardiamo) determina la qualità della nostra vita. Uno sguardo alterato può diventare fonte di oscurità, uno sguardo purificato, riconoscente, capace di contemplare in profondità ci apre alla meraviglia. Può, infine, la vista essere antidoto contro l'idolatria di un neo pelagianesimo strisciante?

Dunque: un esercizio di umanità piena, quell'umanità che Dio ha sognato fin dalla creazione nella quale, prendendo dimora, ha tracciato la sua via con noi, il suo camminare insieme a noi, che abilita e incoraggia il nostro camminare insieme.

Per continuare la riflessione

Giunti al termine dei 10 passi verso la sinodalità, non ci resta che continuare gli ultimi esercizi proposti, incamminandoci con decisione e coraggio in questo anno pastorale caratterizzato da una forte intonazione sinodale, come invita a fare l'arcivescovo Mario Delpini nella sua proposta pastorale 2021-2022.

Alcuni testi di riferimento

- FRANCESCO, *Evangelii Gaudium*, cit.
- FRANCESCO, *Fratelli tutti*, cit.
- M. DELPINI, *Unita Libera Lieta. La grazia e la responsabilità di essere Chiesa*, cit.
- COMMISSIONE TEOLOGICA INTERNAZIONALE, *La sinodalità nella vita e nella missione della Chiesa*, cit.
- *Per una Chiesa Sinodale: comunione, partecipazione e missione*, Documento preparatorio della XVI Assemblea generale ordinaria del Sinodo dei Vescovi, 7 settembre 2021, Vatican.va.

Hanno collaborato al presente volume:

Giovanni Agostoni, laureato in Geografia. Studente di dottorato presso la scuola dottorale in Filosofia e scienze dell'uomo – Università degli Studi di Milano.

Maura Bertini, medico. Impegnata in Azione Cattolica, nel MEIC e nell'associazione Donne per la Chiesa. Fa parte del Gruppo Barnaba del decanato di Gallarate.

Gianni Borsa, giornalista, è presidente dell'Azione Cattolica ambrosiana.

Annamaria Cecchetto, laureata in Filologia moderna e in Scienze religiose, docente e autrice di varie pubblicazioni.

Marco Colombo, responsabile della qualità in una multinazionale manifatturiera; laico missionario comboniano, studente di Teologia.

Gabriele Cossovich, ha studiato Teologia presso la Facoltà teologica dell'Italia settentrionale, è educatore e insegnante e autore per il blog Vinonuovo.it.

Matteo De Matteis, sposato con Chiara Zambon, due figlie. Insegna Religione alle scuole superiori, studente per la licenza in Teologia.

Gaia De Vecchi, ha conseguito il dottorato in Teologia presso la Pontificia Università Gregoriana. Insegna in svariate realtà accademiche. È delegato ATISM (Associazione teologica italiana per lo studio della morale).

Antonella Marinoni, docente di scuola primaria, è impegnata nella pastorale missionaria diocesana e nella Équipe Decapoli.

Luca Moscatelli, biblista, lavora nell'Ufficio catechistico della diocesi di Milano. Fa parte dell'Équipe Decapoli.

Cristiano Passoni, prete della diocesi di Milano, assistente ecclesiastico generale dell'Azione Cattolica ambrosiana.

Ottavio Pirovano, baccalaureato in Teologia, appassionato lettore della Bibbia. Coordinatore della Cooperativa Aquila e Priscilla. Fa parte dell'Équipe Decapoli.

Valentina Soncini, dirigente scolastico, docente di Teologia fondamentale, Segretaria del Consiglio pastorale diocesano, già presidente dell'Azione Cattolica ambrosiana.

Cristina Viganò, ausiliaria diocesana, licenziata in Teologia sistematica, svolge il proprio servizio pastorale presso la Casa della Carità di Milano.

Chiara Zambon, sposata con Matteo De Matteis, due figlie. Insegna Lettere alle scuole superiori, studente alla Facoltà Teologica di Milano.

Indice